「14億人監視社会」陰のリーダーの“本心”を探る

# 習近平の娘・習明沢《しゅうめいたく》の守護霊霊言



RYUHO OKAWA
大川隆法

## まえがき

まことに珍しい本であるが、中国・国家主席、習近平氏の娘「習明沢《しゅうめいたく》」氏の守護霊霊言を公開することとする。

パソコン・スマホ・ケータイ等、コンピュータ系は全《まった》く分からないという習主席の時代に、ＡＩを使って、中国「14億人監視社会」を短期間で構築した陰《かげ》の実力者である。

このハーバード大学留学の27歳の才女が、中国の未来と、世界計画を設計している。本書は彼女の才能と、戦略を知るための世界でただ一冊の書物である。日本政府、外務省、防衛省、自衛隊、マスコミにも、情報見積《みつも》りとして活用して頂きたい。

当会の霊査通り、習近平氏がチンギス・ハーンの生まれ変わりなら、彼女こそ、その後に、世界帝国を築いたフビライ・ハーンの転生《てんしょう》の可能性が高い。彼女の説く「幸福なファシズム」を早めに知るべきだろう。

二〇一九年　九月十九日

幸福《こうふく》の科学《かがく》グループ創始者兼総裁《そうししゃけんそうさい》　大川隆法《おおかわりゅうほう》

# 習近平の娘・習明沢の守護霊霊言　目次

まえがき　3

# 第1章　習近平《しゅうきんぺい》の娘《むすめ》・習明沢《しゅうめいたく》の守護霊霊言《しゅごれいれいげん》

二〇一九年九月十七日　収録
幸福の科学 特別説法堂《せっぽうどう》にて


**1　習近平氏守護霊が「後継者《こうけいしゃ》」と語った習明沢氏とは何者か　21**

習近平氏の娘・習明沢氏は実質上の後継者となるのか　21

アメリカ留学帰りの習明沢氏はどんな思想の持ち主なのか　23

「孔子《こうし》学院」によるスパイ活動と「法輪功《ほうりんこう》」信者の悲惨《ひさん》な実態　25

「世界初」で明らかにする習明沢氏の実像　29
習近平氏の一人娘・習明沢氏の守護霊を招霊《しょうれい》し、その本心を探《さぐ》る　31

2 中国は「緩《ゆる》やかな統一」でよい　32

「父の評判が悪くて、カバーしなきゃいけないのかなあ」　32
習近平氏による全国一律の共産主義に懸念《けねん》を表す　36

3 香港《ホンコン》・台湾《たいわん》の「囲い込《こ》み」作戦とは　39

このままだと、香港のデモは〝第二の天安門事件《てんあんもんじけん》〟になるかもしれない　39
今の北京《ペキン》の雰囲気《ふんいき》から見れば、デモ活動のリーダーは殺される　44
「私も父も、経済がそれほどよくは見えていない」　46
今、台湾や香港をどのように囲い込むかを考えている　48

4
「監視社会《かんし》」の陰《かげ》のリーダー　51
「日本も、そうとうやられてますよ」　51
「父の評判を上げるのが私の仕事」　53
マルクス・レーニン主義を利用しているだけの中国　56
言うことをきかない異民族には、北京政府も手を焼いている　59
「共産党政権が崩壊《ほうかい》する危険はある」　62
「中国は最高度の高度成長をしている」？　65

5
習近平氏の「後継者」なのか　68
習近平氏には「頑張《がんば》ってもらわないと」　68
習明沢氏は習近平氏の後継者になりうるのか　69

「海外の評判が、習近平に客観的に入っているかは分からない」　72

6

**「中国電脳革命」の恐《おそ》るべき実態**　75

ＡＩを使って、香港デモを監視している　75
「幸福なファシズム」を目指している？　79
暴力を使わずに、人を完全に管理できる可能性を持つ電子マネー　81
中国型システムを貧しい国に輸出しようとしている理由　84

7

**日米英は「後《おく》れている」**　88

アメリカの「発展・自由・民主主義」について思うこと　88
監視社会は「イギリスと大きく変わらない」？　91
「日本は、警察もマスコミも後れている」　93

## 8　宗教、そして、幸福の科学について　96

「キリスト教や大きな組織の団体は、国家の脅威《きょうい》になりえる」　96

習明沢氏守護霊は、「宗教」をどう見ている？　99

大川総裁の分析《ぶんせき》を「総力を挙げてやっている」　101

大川総裁の説く中国の未来像も「一つの選択肢《せんたくし》」　104

習明沢氏守護霊は、幸福の科学の「霊言集」をどう見ている？　106

「金正恩《キムジョンウン》の守護霊霊言」を心理学的に分析すると？　109

## 9　世界制覇《せいは》の野望とそのルーツ　113

習明沢氏守護霊が「反日的な気持ち」を持っていない理由とは？　113

「ベトナムやミャンマーからヨーロッパまで視野に入っている」　115

「チンギス・ハーン」の時代も親子だったのか 117
「二〇三〇年から三五年には、アメリカを超《こ》えたい」 119
幸福とは、「中国人が世界のトップに立つ」こと？ 124
「南北朝鮮《ちょうせん》は、合併《がっぺい》したと思ったら、次は中国の一省になる」 127

10

AIでも分析できない「大川隆法総裁」 131
幸福実現党の「言論波及《はきゅう》効果」のところが気になっている 131
「大川総裁は、中国の敵か味方か分からない」 137
「投票で大統領になれるなら、別に民主主義でも構わない」 142
「カナダを親中にしない」というのは、いちばん嫌《いや》な兵法 144
「自由」と「民主主義」の意味を分かっているのか 147

11 習明沢氏の「本質」が見えてきた 151
いちばん怖《こわ》いのは「中国発の大不況《だいふきょう》」が起きること 151
「父親の代弁ができて、よかった」 153
「大川隆法氏は、もうちょっとカリスマ性を出せばいい」 156
習明沢氏は、本質的には習近平氏と変わらない？ 160
12 守護霊霊言を終えて――未来恐るべし 165

# 第2章　毛沢東《もうたくとう》の後継者・華国鋒《かこくほう》の霊言

二〇一九年九月十七日　収録
幸福の科学　特別説法堂にて


1　毛沢東死後の中国の最高指導者の霊が来た理由　171
「中国が大変になっている。香港（の支援《しえん》）をやめよ」　171
「中国を最強にした」と習近平氏を評価　175
華国鋒は、今どのような世界にいるのか　178
華国鋒霊が霊界《れいかい》で会うことができる霊人《れいじん》とは　181

2 対米・対中で日本が「両方にいい顔」をする理由 184
「香港は、このままだと流血《りゅうけつ》になる」 184
華国鋒は、中国の「覇権主義」をどう見ている？ 186
中国は、日本を「軍国主義」「内政干渉《かんしょう》」と非難できるのか 191
今日、幸福の科学に「念波《ねんぱ》」を送っているのは誰《だれ》？ 193
日本に「アメリカ 対 中国」の調整役を期待する華国鋒 196
3 幸福の科学、幸福実現党のスタンスへのアドバイス 199
幸福実現党は「敵をつくろうとする傾向《けいこう》が出ている」 199
日本のことを考えていない政党に見えてしまっている幸福実現党 201
「熱血は結構だが、無駄《むだ》にエネルギーを燃焼《ねんしょう》させてはいけない」 205
中国の覇権主義に対して立ち上がった幸福実現党 208

日本の政治家のような華国鋒　211
元《げん》の時代に「中国のものだった」と言っても今は通じない　212
習近平氏の管轄《かんかつ》下で、今の香港のような繁栄《はんえい》を目指せるのか　214
中国は「一帯一路《いったいいちろ》」でアヘン戦争の恨《うら》みを晴らそうとしている？　216
習近平氏は「千年に一回しか出てこない英雄《えいゆう》」!?　218
幸福の科学は「宗教としての本道を極《きわ》めればいい」　220

4　**「過激すぎず、宗教を中心に……」**　226

他の国の統治の仕組みについての言及は、慎重《しんちょう》に考える必要がある　226
「幸福実現党は過激に反応しすぎず、政治の勉強をしたほうが」　232
華国鋒は過去世《かこぜ》で日本人として転生《てんしょう》したことがある　242
「政治もあっていいが、宗教のほうを中心にしたほうが安全」　244

「中国との関係を深めた政治家たちも心配している」と伝えたかった　249

あとがき　254

「霊言現象《れいげん》」とは、あの世の霊存在の言葉を語り下ろす現象のことをいう。これは高度な悟《さと》りを開いた者に特有のものであり、「霊媒現象《れいばい》」（トランス状態になって意識を失い、霊が一方的にしゃべる現象）とは異なる。外国人霊の霊言の場合には、霊言現象を行う者の言語中枢《ちゅうすう》から、必要な言葉を選び出し、日本語で語ることも可能である。

また、人間の魂《たましい》は原則として六人のグループからなり、あの世に残っている「魂のきょうだい」の一人が守護霊《しゅごれい》を務めている。つまり、守護霊は、実は自分自身の魂の一部である。したがって、「守護霊の霊言」とは、いわば本人の潜在《せんざい》意識にアクセスしたものであり、その内容は、その人が潜在意識で考えていること（本心）と考えてよい。

なお、「霊言」は、あくまでも霊人《れいじん》の意見であり、幸福の科学グループとしての見解と矛盾《むじゅん》する内容を含《ふく》む場合がある点、付記しておきたい。

# 第1章　習近平《しゅうきんぺい》の娘《むすめ》・習明沢《しゅうめいたく》の守護霊霊言《しゅごれいれいげん》

二〇一九年九月十七日　収録
幸福の科学　特別説法堂《せっぽうどう》にて

習明沢《しゅうめいたく》（一九九二〜）

中国国家主席の習近平《しゅうきんぺい》氏と中国の国民的歌手である彭麗媛《ほうれいえん》氏との間に生まれる。杭州《こうしゅう》外国語学校卒業後、浙江《せっこう》大学外国語学院に入学し、外国語の同時通訳を専《せん》攻《こう》。大学卒業後はアメリカに渡《わた》り、ハーバード大学で心理学を学ぶ。二〇一四年に卒業した後《のち》、中国に帰国した。その後は、中国政府機関で広報活動に携《たずさ》わっていると言われている。

質問者

綾織次郎《あやおりじろう》（幸福の科学常務理事 兼《けん》 総合誌編集局長 兼「ザ・リバティ」編集長
　兼 HSU〔ハッピー・サイエンス・ユニバーシティ〕講師）

藤井幹久《ふじいもとひさ》（幸福の科学宗務《しゅうむ》本部特命担当国際政治局長〔参事〕）

小林真由美《こばやしまゆみ》（幸福の科学宗務本部国際政治局チーフ）

［質問順。役職は収録時点のもの］

## 1　習近平《しゅうきんぺい》氏守護霊《しゅごれい》が「後継者《こうけいしゃ》」と語った習明沢《しゅうめいたく》氏とは何者か

### 習近平氏の娘《むすめ》・習明沢氏は実質上の後継者となるのか

大川隆法　今、初版で三万部も刷って売り出している、習近平《しゅうきんぺい》 vs. アグネス・チョウの守護霊霊言《しゅごれいれいげん》『自由のために、戦うべきは今』（幸福の科学出版刊）という〝香港《ホンコン》革命〟の本のなかで、習近平氏守護霊の気になる発言がありました。

それは、百五十七ページの「監視《かんし》国家づくりに寄与《きよ》している習近平氏の娘《むすめ》の役割」という節です。ここで、一人しかいないと思われる彼の娘について、「今、

『自由のために、戦うべきは今―習近平 vs. アグネス・チョウ 守護霊霊言―』（幸福の科学出版刊）

電脳革命をやっている」というようなことを言っていて、「アメリカに留学して戻《もど》ってきてから、実質上の後継者《こうけいしゃ》として何かしているのではないか」という感じが出ています。習近平氏守護霊は、「完全監視国家をつくってはいるけど、実際、私はコンピュータが全然分からないので、全部、娘が仕切ってる」と言っています。

現在、習近平氏は六十六歳《さい》ですが、実質上の終身制を敷《し》いたということは、世《せ》襲《しゅう》もありえるということでしょう。つまり、八十代ぐらいまでやる気があるということでしょうから、娘の世襲もありえるのではないかと感じられますし、今、中枢《ちゅうすう》にいるような、自分に年齢《ねんれい》の近い人たちのことは全然問題にしていない可能性もあります。

## アメリカ留学帰りの習明沢《しゅうめいたく》氏はどんな思想の持ち主なのか

大川隆法　そこで、今日は、習近平氏の二十七歳の娘である習明沢《しゅうめいたく》氏の守護霊霊言を録《と》ってみようかと思っています。

この人について書かれた本は聞いたことがないので、おそらく「世界初」になるのではないかと推定します。

●台湾《たいわん》の蔡英文《さいえいぶん》氏の守護霊霊言の本を出したときにも、彼女についての本はその一冊しかなかったため、「世界初」になりました。習近平氏の娘に取材することはほぼ不可能かと思われるので、今回も「世界初」になるでしょう。

やはり、訊《き》いてみたいことはあります。もしかすると、中国の未来はこの人の頭のなかにある可能性

●台湾の蔡英文氏の守護霊霊言……　『緊急・守護霊インタビュー　台湾新総統　蔡英文の未来戦略』（幸福の科学出版刊）参照。

があるわけです。父親のほうではなく、この人のほうが実質上の〝全体主義システムの完成〟のところをやっている可能性があります。そうであれば、中国の未来は頭のなかに入っているはずです。

また、ハーバード大学に留学もしているので、アメリカンスタイルの考え方も知ってはいるでしょう。

さて、その目でもって、今、中国のことがどう見えているか、中国を取り巻く国のことがどう見えているか、このあたりのところをうまく引き出せたらよいかと思います。

幸福の科学はウイグル問題から始まって、チベット、内モンゴル等の弾圧《だんあつ》についても訴《うった》えてきました。今、香港でのデモがあって人権問題もかなり大きくなってきており、〝第二の天安門《てんあんもん》事件〟になるかもしれないという恐《おそ》れも感じていますので、こういうことについても訊かなければいけないでしょう。

## 「孔子《こうし》学院」によるスパイ活動と「法輪功《ほうりんこう》」信者の悲惨《ひさん》な実態

大川隆法　また、おそらく法輪功《ほうりんこう》系の人がつくっているのではないかと思うのですが、カナダで撮《と》られたドキュメンタリー映画を観《み》たところ、カナダの「孔子《こうし》学院」が閉鎖《へいさ》された事件について描《えが》かれていました。

今、中国は「孔子学院」という学校を全世界に〝輸出〟しているような状態で、千校もの学校を開こうとしているようです。それも「一帯一路《いったいいちろ》」型で、中国がお金を出し、「孔子学院」を開いて中国語を教えてくれるので、現地でも喜ばれていて、数多く開かれていっています。

しかし、その映画では、法輪功で熱心に活動していた母を持つ娘が、中国語の講師としてカナダに派遣《はけん》されたときに、「自分は法輪功ではない」ということまで書かされていました。そこで断れずに書いてしまったものの、けっこう厳しい監視下に置かれます。中国の実家のほうも電話を盗聴《とうちょう》され、彼女自身もそうとうな圧迫《あっぱく》を受けて、結局、辞《や》めてしまいます。

そして、中国が国内から法輪功を追い出そうとする一方で、法輪功の側はカナダで、「中国の孔子学院というのは、実は、国家的なスパイ組織とも関係していて、〝洗脳組織〟なのだ。『孔子学院』とは言いつつも、信仰《しんこう》を持つことは許されない国家の教育方針を、世界で洗脳してやろうとしているのだ」と訴えていきます。

そのように、そうとうな戦いがあって、カナダの「孔子学院」が閉鎖されたという事件についてのドキュメンタリー映画でした。

これは法輪功側の意見ではありますが、法輪功は公称《こうしょう》で全世界に九千万人ぐらい信者がいるとも言われています。このうち、数十万から数百万人は逮捕《たいほ》されたことがあり、移植のための臓器摘出《てきしゅつ》も優先的にやられている恐れがかなり強いようです。殺されたりした人もだいぶいるらしいと言われています。ウイグルや香港に目が行きがちではありますけれども、こちらもまだ、もう一つ問題があるのではないでしょうか。

法輪功自体については、私もよく知りません。外見上は気功《きこう》のようなことをしているようにしか見えず、思想的に、国家に対する危険性がどの程度あるのかは、私はよく分かりません。

ちなみに、創始者はまだ生きていてアメリカにいるらしいのですが、髪《かみ》を七三分けにしていて、私と何となく外見が似ているなどと言われたこともあります。私の写真を見た人から、「法輪功の創始者かと思った」と言われて、喜ぶべきかどうか、ちょっと分からないところがありました。

法輪功は、日本でも見ることはできますし、台湾でも見たことはありますが、外見上はそれほど危険そうな団体には見えません。

一九八〇年代には、中国政府も応援《おうえん》していたようなのですが、九〇年代になってからは、「気功で病気が治る」というところが唯物論《ゆいぶつろん》思想に合わないので、弾圧に回ってきています。中国共産党員は今、九千万人ぐらいだと思いますが、以前は七千万人ぐらいでしたので、法輪功が中国共産党員よりも大きい数を言い始めたあたりで弾圧に入ってきたのかもしれません。

また、宗教は組織を持っていて、革命勢力に転化する恐れが常にあるので、弾圧しているのではないかと思われます。

特に、刑務所《けいむしょ》に入っている人から優先的に、〝活《い》きのいい新鮮《しんせん》な臓器〟を取るというのであれば、これは大変なことでしょう。この問題が、まだもう一つあるということです。

## 「世界初」で明らかにする習明沢氏の実像

大川隆法　さて、アメリカ帰りの習明沢《シーミンザー》さんは二十七歳で、まだ若いですし、欧《おう》米《べい》的な価値観も少しは知っているはずですが、はたして、どう見ているのでしょうか。あるいは、香港革命のあと、どのようにしようと思っているのか。中国の未来をどうしようと思っているのか。このあたりのことについて、ちょっと揉《も》んでみたいところです。今回、「日本初」「世界初」の情報になるかもしれないので、そのへんを知りたいと考えています。

本日は（霊言を）英語でできるかなと思っていたのですが、お昼ごろに彼女の守護霊が来たときには日本語も話していたので、霊的には日本語で話せるぐらいの人なのかもしれません。このあたりはよく分からないのですが、どちらでもよいでしょう。

中国語の場合は、私のほうがあまり上手に話せません。繁体字《はんたいじ》の中国語で書かれた台湾等の新聞であれば、読むと七割ぐらいは意味が分かるのですが、北京語《ペキンご》系の簡体字《かんたいじ》は私もよく分からないので、英語か日本語のどちらかでできればよいと思います。

先ほど、ほんの短時間ではあるものの、日本語で話してみた感じでは、大川紫《し》央《お》総裁補佐《ほさ》が、「ああ、いい人かもしれない」というようなことを言っていたので、そうなのかもしれません。

あるいは、ハーバード大学で心理学を勉強したということなので、もしかすると、人を乗せるのがものすごくうまい人なのかもしれません。マインドコントロールの専門家である可能性もありますので、そのこともいちおう想定しておいたほうがよいでしょう。ですから、もし上手に言っていたとしても、本心かどうかは分からないところもあります。

このようなことを前置きにして、一人でも十分に重いので、とりあえず自由に話をしてもらおうかと思います。よろしくお願いします。

## 習近平《しゅうきんぺい》氏の一人娘《むすめ》・習明沢氏の守護霊を招霊《しょうれい》し、その本心を探《さぐ》る

大川隆法　では、中国の最高指導者、習近平《しゅうきんぺい》氏の一人娘《むすめ》であります習明沢《しゅうめいたく》さん、習明沢《シーミンザー》さんの守護霊をお呼びし、霊言《れいげん》を行いたいと思います。

あまり決めつけて話をする気はないのですが、できれば、お父さんのことや、中国の未来、香港や台湾、その他国内の自治区の問題、宗教弾圧問題等について、どのように考えていらっしゃるのか、そのご本心を訊きたいと思います。

どうかよろしくお願いします（手を一回叩《たた》く）。

（約十五秒間の沈黙《ちんもく》）

## 2　中国は「緩《ゆる》やかな統一」でよい

「父の評判が悪くて、カバーしなきゃいけないのかなあ」

習明沢守護霊　う、うーん……。

綾織　こんにちは。

習明沢守護霊　習明沢《しゅうめいたく》です。

綾織　今日は貴重な機会を頂き、本当にありがとうございます。

習明沢守護霊　いいえ。父の評判が悪くて、何か、カバーしなきゃいけないのかなあと。

綾織　あっ、カバーされるお気持ちでいらっしゃるわけですね？（笑）

習明沢守護霊　ええ。父は、それでも、娘《むすめ》のことはけっこう猫《ねこ》かわいがりしていまして、この前も、（霊言《れいげん》のなかで）「トランプさんのご才媛《さいえん》のイヴァンカさんよりも、うちの娘のほうが優秀《ゆうしゅう》だ」みたいなことを言われたりして、ちょっと、私も恥《は》じ入っております。

イヴァンカさんは、将来のアメリカの女性大統領候補だと思いますので、私なんかよりもはるかに実績のある方で、評判のいい方です。私には、評判はまった

●この前……　『自由のために、戦うべきは今―習近平 vs. アグネス・チョウ守護霊霊言―』（前掲）参照。

くございませんので。

綾織　そのあたりの「評判」という意味では、メディアとの接点を持たないということで、伝え聞きました。

習明沢守護霊　メディアは持ってるんですけどもね、一方的に発信するほうのメディアなんで。ちょっとでも評判がよくなるように演出してやろうとはしているんですけどね。

でも、中国のは、どうしても、上から下への一方的なものになりますので、民意を反映したメディアっていうのはなかなかつくれませんですね。

綾織　アメリカのメディアもそうなのですが、日本のメディアも、習明沢さんがハーバードに留学されていたときに、ご本人を特定したいということで、かなり取材の網《あみ》をかけていました。

でも、結局は、報道ができないということで、最後の最後まで顔写真も撮《と》れませんでしたし、どの人が本人なのかが分からない状態でした。その後、写真も出てきましたけれども……。

習明沢守護霊　写真、載《の》ってますよ、ここね（机の上の資料の写真を指す）。まあ、父そっくりですよね？　もう困ったですね。母に似ていれば、ほんと、私もまだほかに道はあったんですけどね、父に似てしまって。もうしかたがないですね。芸能系はもう駄目《だめ》です。可能性がないです。はい。残念ですが。

綾織　そうですか（苦笑）。

## 習近平《しゅうきんぺい》氏による全国一律の共産主義に懸念《けねん》を表す

綾織　先ほどのお話でも、中国共産党のある意味での問題点もかなり理解されていますし、習近平《しゅうきんぺい》国家主席の、問題点と言っていいとは思うのですが、足らざるところというのも、かなり認識されているようにうかがえました。

習明沢さんの守護霊様は、やはり、中国の問題というのを客観的に見られていると考えてよいのでしょうか。

習明沢守護霊　いや、私から見ればね、父も〝もう古い〟からね。だから、変えようとは思ってるんですけど、だいぶね。だけど、中国もけっこう「年功序列の国」ではあるんで、そこまで発言権がまだ十分にはありませんので、あれなんですけど。

外国文化はだいぶ勉強しましたので、「今のままの中国ではよくない」と、私は思ってますよ。

父親は、やっぱり「統一はすべてに勝る」と思っているところがあるんですけどね。

綾織　それは、中国は、これだけの大きな国でなくてもよいということでしょうか。

習明沢守護霊　いや、統一してもいいんだけれども、「アメリカ合衆国風に、それぞれがある程度の自治を任された、自由にやってもいいぐらいの、もうちょっと〝緩《ゆる》やかな統一〟でもいいんじゃないか」と、私は思うんですけどね。

あまり、まったく同じにしようとしすぎると、香港《ホンコン》だって死に物狂《ぐる》いで対抗《たいこう》してくるし、台湾《たいわん》だって一緒《いっしょ》でしょ。おそらくね。怖《こわ》いですよ。

綾織　それは、ある種の連邦《れんぽう》的なものなんですね？

習明沢守護霊　うーん、もうちょっと〝緩やか〟でもいいんじゃないですかね。あと、そうとう貧富の差が国内にもあるので、一緒にいかないですよね、どう見ても。

洞穴《ほらあな》生活をしている人と、北京《ペキン》の目抜《めぬ》き通りに住んでいる人とが、一人一票で投票するというのは、ちょっと無理があるような気はするので、自治なら自治で、ある程度、その地方に合わせたやり方を許容しないと。うーん。

ちょっと全国一律は無理ですね。そういう意味での共産主義だと、国が潰《つぶ》れちゃうような気がしますね。

## 3　香港《ホンコン》・台湾《たいわん》の「囲い込《こ》み」作戦とは

### このままだと、香港のデモは〝第二の天安門《てんあんもん》事件〟になるかもしれない

藤井　今、香港《ホンコン》のデモが、世界的に非常に注目されていますけれども、やはり、かなり気になっているのでしょうか。

習明沢守護霊　いやあ、それは、評判は落ちるし、香港の経済は今、ものすごく悪くなっているはずですから、あまりよくないことだと思っていますけど。

でも、（中国は）共産党一党独裁のプライドがあるからね、あんな小さな一行政区に負けるわけにはいかないから。プライドがかかっていますから。

これは、もう「誰《だれ》が」という個人の意志というよりは、共産主義統一国家としての中国そのものがね、一つの生き物みたいなもので、許さないところがありますわね。

だから、このままだと、〝第二天安門《てんあんもん》事件〟になるかもしれないですね。よくないですね、それは。そんなにいいことではない。

綾織　そのなかで、習近平《しゅうきんぺい》主席にアドバイスをされているのかもしれませんけれども、何をおっしゃっていますか。

習明沢守護霊　だから、なるべく、自分の責任でやらな

香港の自由を守るために戦っている若者や支援者たちを現地取材。（上）【The Liberty「未来編集」】「泣きながら取材した香港革命～日本人へのSOS～」（The Liberty Webより）。

いようには言っています。

綾織　ああ……。

習明沢守護霊　キャリー・ラム（林鄭月娥《りんていげつが》）さん（香港行政長官）とか、まあ、ほかの人にするかもしれないけれども、やっぱり、「行政区の香港のなかで決めるように持っていかないといけない」ということは言ってはいるんですけどね。でも、なかなか理解しないですね、言っても。

綾織　世界中の見方は、中国共産党、北京《ペキン》政府の考えで動いているというようになってしまっています。

習明沢守護霊　最大の争点が、「香港の人たちの自由投票で、長官を選んだりするようなことにする」っていうことでしょうけど、北京の政府、共産党の幹部たちは、たぶん、そういうものの考え方は、やっぱり、「国家の崩壊《ほうかい》」にしか見えないんですよね。いわゆる「民主主義」っていうのは理解できていないので。

あくまでも北京のお墨付《すみつ》きが付いた人のなかで、比較《ひかく》的ベターな人を選ばせるっていうかね。「君たちで選ぶのは構わないけど、反北京的な人が立候補して票を集めるみたいなのは、これは、もう内乱罪を承認するようなものだ」というふうに考えている。

綾織　先ほど、ご自身がおっしゃった自治であったり、連邦《れんぽう》制的なものであるところからすると、そういう投票制度を認めてもよいということでしょうか。

習明沢守護霊　いやあ、それは、責任がそこまで取れないからね。香港で認めたら、ほかも起きるからね。それは、当然ながらそういう……。

綾織　やはり、そこまではないんですか。

習明沢守護霊　いや、それはどちらがより混乱を生み、流血《りゅうけつ》を呼ぶかが分からない部分があるので。香港におとなしくしてもらったほうが、中国全体ではそんなに人が死ななくて済む可能性もあるけれども、大勢死んででも、戦って独立を勝ち取るところまでやるのなら、ほかでも起きてくる可能性はあるので、あっちもこっちも火の手は上がるし、外国の介入《かいにゅう》を招くこともありえるので、ここはもう一段賢《かしこ》くないと、ちょっと分からない部分はありますね。

トランプ政権は、人権外交がとても下手《へた》な政権なんですけれども、そのトランプさんでさえ、「人権外交」と「貿易」を両股《りょうまた》で揺《ゆ》さぶってくることに、やっと気がついてやってきているので。

うーん、まあ、あまり弱点をさらすのはよくないですね。

## 今の北京《ペキン》の雰囲気《ふんいき》から見れば、デモ活動のリーダーは殺される

藤井　今、香港では、いろいろな人が活動しています。なかでも注目されているのは、今、アメリカに行っているジョシュア・ウォン（黄之鋒《こうしほう》）君などの……。

習明沢守護霊　うん、そうね。

藤井　デモシストのメンバーで、日本では、アグネス・チョウ（周庭《しゅうてい》）さんが有名です。

同じ世代に当たるわけですが、何か感じるところはあるのでしょうか。

習明沢守護霊　全体的な北京《ペキン》の雰囲気《ふんいき》から見れば、まあ、殺されるでしょうね、おそらくね。もう、生かすはずはないと思うので。ええ、絶対に殺しますね、今の流れなら。それは、一つの〝モンスター〟ですからね。

だから、亡命するしかないでしょうね。海外に出られているうちに亡命してしまえば、海外からリーダーで……。過去、天安門（事件）のリーダーも数多くアメリカとかに行ってますからね。そっちからやらなければ。

香港にとどまれば、たぶん、ある日、突然《とつぜん》、どこかに強制送還《そうかん》されて、拷問《ごうもん》されて、どうなったか分からない状態になるでしょうね。

藤井　あまり同情する気持ちはないということでしょうか。

習明沢守護霊　いやあ、個人的には別に利害関係がないので、あれなんですけど（笑）。

戦力的には、「香港 対 中国全体」だと、若干《じゃっかん》、これはもう、戦うに値《あたい》しないレベルでしょうね。せめて「三国志《さんごくし》」の呉《ご》の国ぐらいの大きさがあればいいんですが……。

綾織　うーん。それは、国際社会も連帯、連携《れんけい》し始めていて、単に「香港 対 北京」という図式ではなくなってきています。

「私も父も、経済がそれほどよくは見えていない」

習明沢守護霊　トランプさんとかが、香港を利用して、貿易の関税の揺さぶりを強くしようとしてはいるけれども、〝跳《は》ね返って〟もいるしね。

だから、中国に関税をかけても、中国の「安い品」を買っていたのはアメリカ国民なんで。〝増税〟なんですよ、アメリカにとってはね。

こちらのほうで、トランプ人気が落ちているところがあるので。「アメリカは自由の大国だったはずだけど、やっぱり、自由じゃなくなったではないか」っていうような感じですね。管理貿易国家になって、ある意味で、所得の低い層はけっこう厳しくなってるんですよ、今。アメリカもね。

綾織　そのあたりは、お互《たが》い我慢《がまん》比べのようなところがあって、中国もインフレが厳しくなってきているので、お互い、どこまで行けるのかというところですよね。

習明沢守護霊　私も父も、経済がねえ、それほどよくは見えてはいないので、これから、われわれの国がどういう経験をするのか、ちょっと見えていない部分はあります。

あと、台湾問題もあるしね。

軍部は、それは、やる気満々ですよ。それはもう、「そんな小さな反乱、いつまで放置しておくんだ?」っていう感じですから、独走してでも、もう一気にけりをつけたいぐらいの感じは持っていますね。

## 今、台湾《たいわん》や香港《ホンコン》をどのように囲い込《こ》むかを考えている

小林　台湾《たいわん》も、来年（二〇二〇年）の総統選挙があるので、今、かなり危機的状《じょう》況《きょう》にあると思うのですけれども、習明沢さんの守護霊様の立場から見て、台湾は、これからどのようになっていくと思われますか。

習明沢守護霊　うーん、台湾は繁栄《はんえい》してますからね、あの繁栄を失いたくはないでしょう。香港《ホンコン》もそれは一緒《いっしょ》なんですけどね。

「中国式」を無理やり入れたら、それは、まず貧しくなりますからね（笑）。貧しくなるのと、自由がなくなりますし、資本家は海外へ逃亡《とうぼう》しますから。

そういう意味で、無理にやっても、農村地帯しか残らなかったら意味がほとんどなくなりますから、「どうやって囲い込《こ》むか」ということを考えているんですが。

今、世界がかなり自由に行き来ができるようになっているので、中国人社会を世界各国につくって、そんなに自由に逃亡できないようにしようとしているのは、そうなのかなとは思うんですけどね。

あとは、人力ではいちおう限界はあるので、ＡＩを使ってどこまで個人をコントロールできるかっていうところなんですよね。

## 4　「監視《かんし》社会」の陰《かげ》のリーダー

### 「日本も、そうとうやられてますよ」

綾織　それに関しては、ご自身が責任を持ってやられているというのは、本当なのでしょうか。

習明沢守護霊　うーん、まあ、かかわってはおりますけど、それを言われるほどではありませんけどね。父は、もう、スマホも全然使えませんので、何をやってるか分かってないと思いますが。

ただ、中国が高度監視《かんし》社会になってることは事実ですよね。

父は、それをよく分かってませんが、結果の報告だけはつかんでます。

綾織　その監視社会という部分では、中国をどういう方向に持っていこうとされているのですか。「共産党が、国民の生活をすべて監視できる、ウオッチできる状態をつくる」というところを目指していらっしゃるのでしょうか。

習明沢守護霊　ほかの国であれば、電子機器会社等は民間のものですけどね。中国の華為《ファーウェイ》技術もそうでしたけども、人民解放軍が入ってますから（笑）。主力ですから。会社員といっても、中国人民解放軍の〝情報部隊〟ですから。ハッハッハ（笑）。それは、アメリカやカナダが、やっと、遅《おそ》まきながら気がついたでしょうけども。実は、軍隊が〝民生品〟をやってる状況《じょうきょう》なんで。日本も、あとで蓋《ふた》を開けてみたら、「エエーッ、ここまでやられていたか」っていうようなことも、出てくることは出てくるでしょうね。

綾織　そのあたりを、かなり正直におっしゃってくださっていますね。

習明沢守護霊　ええ。それは出るでしょう。まだ気がついてないですよ。日本はとっても〝緩《ゆる》い〟ので。そうとうやられてますよ、本当に。ハハッ（笑）。

「父の評判を上げるのが私の仕事」

綾織　「習明沢さんの守護霊さんの立場はどちらなのかな」といった感じも少しありますよね。

習明沢守護霊　いやいや、「父の評判を上げる」のが私の仕事なんで。

綾織　そうですか。

習明沢守護霊　はい。

綾織　そのあたりについては、要警戒《けいかい》なのか、気をつけないといけないのかもしれませんが。

習明沢守護霊　いや、たいしたことないですよ。ハーバードの心理学科なんて、そんなたいしたレベルじゃないですから。ええ。

小林　「習近平《しゅうきんぺい》国家主席のイメージ担当」ということですが、具体的にはどのようなイメージを目指していらっしゃるのですか。

習明沢守護霊　うーん、（習近平主席は）舐《な》められるのは嫌《きら》いなんですよね。だけど、私は、「くまのプーさん」でも悪くないと思ってるんですけどね。アメリカ人でも親近感を持つしね。私なんかの顔も、（机の上の資料の写真を見て）これ見たら、もう「ドラえもん」にしか見えない顔ですからね。「親子ドラえもん」でも構わないいんですけどね。

プラスイメージに見られる場合もあるやつを嫌うっていうのは、〝古い〟からなんだろうとは思うんですけどね。

もうちょっと、世界の人たちに愛されるようにキャラクターづくりをやれば、恐怖《きょうふ》心はもうちょっと減るんですけどね。ちょっと不器用《ぶきよう》なところはありますわね。

●くまのプーさん　2017年7月、中国のインターネット交流サイト(SNS)上で、「くまのプーさん」に関連した投稿が削除されたり、一時、検索できなくなるなどした。中国の習近平国家主席と体形が似ていることから、本人を暗示する記号として使用されていることを問題視した中国当局が検閲の対象としたと見られる。

## マルクス・レーニン主義を利用しているだけの中国

綾織　やはり、香港《ホンコン》もそうなのですけれども、中国の国内で、「さまざまな宗教弾圧《だんあつ》を行い、強制収容所もあり、たくさんの人を殺している」ということを考えると、単なるイメージだけでは済まない部分があると思います。それについては、どのように考えているのでしょうか。

習明沢守護霊　ここは矛盾《むじゅん》してるところでしてね。中国十四億人のなかで、マルクス・レーニン主義を信じてる人なんか、本当は一人もいないんですよ。誰《だれ》も信じてないんですよ、実際は。全員信じてないです。

全員信じてないんだけど、「利用できるところだけは利用する」っていう。徹《てっ》底《てい》して、そういう二分法なんですよ。だから、政治的に利用するときは利用する。

ただ、信じてない。
〝資本主義の恩恵《おんけい》〟を受けた人たちが、かなり、中国の上層部にいますのでね。だから、分かってる、それは分かってるんで。分かってるけど、利用できるものは利用しなきゃいけないんで。反乱分子の弾圧とかですね、あるいは、異民族や、宗教的にちょっと政府の言うことをきかないようなものを押《お》さえ込《こ》むのに、利用してるっていうのが真相ですね。

綾織　利用しているわりには残虐《ざんぎゃく》ですし……。

習明沢守護霊　うん。それも、実態はあんまり報道されないんで、国民も知らないんですよ。本当、噂《うわさ》レベルでしか。

藤井　ただ、欧米《おうべい》ではすでに、「ウイグルが収容所のようになっている」というような報道はずいぶん出ています。やはり、監視国家の行き着く先には、そういう自由がまったくない世界が見えていると思うのですけれども。

習明沢守護霊　いやあ、でもね、ウイグルはイスラム教ですけどね。だけど、例えば、イスラム教の国のなかに、日本人が百万人ぐらいの国家っていうか、自治区でもつくってごらんなさいよ。

どんなふうになるかっていったら、やっぱり、「同じ」だと思いますよ。それは「同じ」だと思うから。イスラム教の風習に従わない者は、次々、検挙されるのは一緒《いっしょ》なんで。

このへんは、国際政治的には、けっこう難しいものはありますわね。

宗教は、場合によっては、政治のルールを破りますので。政治や法律を破って、神の法、神様の法のほうにつかれると、必ず国は割れるので。これは、国家政策の問題ではありますね。

## 言うことをきかない異民族には、北京《ペキン》政府も手を焼いている

藤井　報道でも、ときどき映像が出ていますが、ウイグルでは、至るところに監視カメラがあるような状況になっています。これは、ある意味で、超《ちょう》監視国家体制の〝成功モデル〟のように考えているのでしょうか。

習明沢守護霊　いや、監視しても、コストがかかるだけでね、別に何も利益は出ないですから。彼らがそんなに利益を生んでくれるならいいですけどね。ダイヤモンドの鉱山で働いてるなら、それは、もう、カメラをいっぱい付けておかないと、盗《ぬす》まれる可能性がありますから（笑）。たくさんあったほうがいいでしょう

けど。

　異民族で言うことをきかないウイグル人に、監視カメラをいっぱいつくったところで、あんまり生産性はないんで、〝コスト高〟にはなりますわね。「警官の人件費分より安くあがるかどうか」ぐらいの問題だろうと思いますが。まあ、「流《りゅう》血《けつ》事件が起きたときの代償《だいしょう》は大きいから」っていうところでしょうけど、正直言って、北京《ペキン》政府も手は焼いている。

　これは、毛沢東《もうたくとう》の仕事ですけどね。ウイグル、チベット、内モンゴルを取ったものの、相次《あいつ》ぐ反乱も、過去報道され……、外国には報道されてませんけど、ものすごい数の反乱は起こされてるし。

　北京政府のほうは「テロ」と言ってるけども、確かに、ほかの政府であっても、おそらく、同じような経験をすりゃ、テロと言いたくなるようなものは、やっぱり、あることはあるんですよ。

「テロ」っていうのは、正規軍の戦いじゃないからね。だから、民間人たちで手製の武器をいっぱいつくって、火炎瓶《かえんびん》とかいろんなもので戦ってくると、やっぱり、テロに見えちゃうからね、どう見たってね。

そういう火炎瓶をつくって、市庁舎とか警察署とか、いろんなものに焼き討《う》ちをかけたりしたら、テロに見えるわね。治安当局から見りゃあね、どう見たってテロなんで。それを捕《つか》まえて、監禁してしまいたくなる、強制労働させたくなるっていうのは、あることはあるんですが。

中国自体が、いろんな民族が入り乱れてる国であるので。過去の歴史を見ても、漢《かん》民族がずっと統一してたわけではないんで、それぞれのときに、たいへんな無理はしているのかなと思うんですけどね。支配民族が変わったときは、たぶん、前の支配民族は、そうとう厳しい弾圧を受けているんだろうと思うんです。そういう歴史は何千年かもあるので。

だから、ほかのところが言ってるような、「今の、現在進行形のテロはいけない」って思うような感じ方と、中国人が思う、「支配民族が変わったときに、旧民族が弾圧される歴史を知っている」っていうのとの感覚の違《ちが》いは、確かにあると思うんですよね、きっとね。

「共産党政権が崩壊《ほうかい》する危険はある」

藤井　問題点も含《ふく》めて、リアルによく現状を理解されているのかなと思うのですけれども……。

習明沢守護霊　ああ、それは理解してる。だって、情報は私のところに全部集まるようになってるから。

藤井　はい（笑）。ただ、そうすると、「もしかしたら、今、共産党政権が崩壊《ほうかい》する危険もある」というようなことも考えておられて……。

習明沢守護霊　あります。危険はあります。
あなたがたも、一生懸命《いっしょうけんめい》、宗教のくせに民主主義の応援《おうえん》をしてるようですけども。でも、世界宗教をつくりたかったら、キリスト教だってイスラム教だって、民主主義は弾圧してますから、必ず。
●ローマ法王が日本に来るとか言ってますけど、ローマ法王だって認めてますから。キリスト教は民主主義とは一致《いっち》しないことを、認めてますから。階層性があって、神に近い者が下の者を服従させるのが、バチカンのやり方でもあるんでね。
だから、これは、思想的にはいろいろと立場はあるだろうと思います。
ただ、十四億の国家はちょっと大きすぎる。大きすぎるんで、それを食べさせ

●ローマ法王が……　2019 年 9 月 13 日、ローマ法王フランシスコが 11 月下旬に来日することが発表された。滞在中に、東京と広島、長崎への訪問、天皇陛下との会見などが予定されている。

るだけでも大変なことなんで。一部、飢《う》えてるところもあるのかもしれないけれども、何とか最低限の生活でも食べていけているとしたら……。過去最大の人口を持っていますので。日本軍に攻《せ》められたころは、まだ、三、四億人しかいなかったと思うんで、それから十億人以上増えてるわけだから、これで、もし、パンクしてないっていうのなら、それは、ある程度の手腕《しゅわん》があることは認めなきゃいけないと思うんです。

で、海外まで行って、中国、中華帝国《ちゅうかていこく》の支配を海外まで広げて、世界制覇《せいは》しようとしているように見えてるはずですけども、ここは受け入れられるかどうかについては、北京で見えてる人はいないと思います、たぶん（笑）。

綾織　ご自身は、そこについてはどうなのでしょうか。

習明沢守護霊　いやあ、私だって、ちょっと〝心理学科〟では見えませんね。それは無理です。

## 「中国は最高度の高度成長をしている」？

綾織　うーん。実際に、「一帯一路《いったいいちろ》」ということで、ある種の世界支配になるわけですけれども、これは、今の時点でも、かなり無理が来ているということは見えてきています。

そこで、「このままの路線でいいのかどうか」ということについては、ご自身はどう思われているのでしょうか。

習明沢守護霊　ただ、ほかのところも、うまくいってないところが多いんでね。ヨーロッパもみんな厳しい状況だし、アフリカなんか、いつも貧しいし。南米、中米も、状況はすごく悪いですしね。

アメリカも、トランプさんが「アメリカ・ファースト」で、自国の利益ばっかりを考えてやって、やっと、三パーセント、四パーセントの経済成長をし始めたところですが、中国がずっと七パーセント以上の成長をしていて。まあ、今、六パーセント台にはちょっと落ちてますけど、ある意味では、世界的に見れば、インフレとは言えない範囲《はんい》内での最高度の高度成長をして、日本の戦後の高度成長期みたいなのがずーっと続いているわけなんですよね。

だから、今、ものすごく大きくなった感じは出てはいますが、これが「崩壊する」と、外国の人たちのなかには言ってる方も数多いんですけども。(中国は)長らく貧しいのには慣れているので、崩壊しても、国はもつんじゃないかなとは(笑)、私は思ってるんです。

ただ、外国に出てる部分はどうかは、分からないですね。

藤井　「崩壊してもいい」と？

習明沢守護霊　いやあ、いやいやいや、（経済）成長率はアメリカより上だし、日本より上ですからね。日本は一・三パーセントでしょう？　アメリカは三、四パーセント。中国が、「低成長」って言って六パーセント台ですので。

綾織　その数字は、やや怪《あや》しくなってきていると思います。

習明沢守護霊　フフッ（笑）。香港なんかも、一割、二割と減っていくでしょうけどね。

## 5　習近平《しゅうきんぺい》氏の「後継者《こうけいしゃ》」なのか

### 習近平氏には「頑張《がんば》ってもらわないと」

小林　習近平《しゅうきんぺい》国家主席の「中国の夢」という言葉がありますが、皇帝《こうてい》のようなかたちで世界征服《せいふく》を考えていらっしゃるのだと思います。それは、娘《むすめ》さんである、あなたの夢でもあるのでしょうか。

習明沢守護霊　うーん、まあ、頑張《がんば》ってもらわないとねえ。変な失脚《しっきゃく》の仕方をされた場合には、私も刑務所《けいむしょ》に入れられる可能性はありますので。

綾織　そうですね。

習明沢守護霊　それは、ちょっと、私としても避《さ》けたいと思ってはいるんですけどね（笑）。そうならないようにしたいなとは思っておりますがね。

## 習明沢氏は習近平《しゅうきんぺい》氏の後継者《こうけいしゃ》になりうるのか

綾織　これはメインテーマなのかもしれませんけれども、一部メディアでは、あなたが、「習近平《しゅうきんぺい》国家主席の後継者《こうけいしゃ》の一人になりうる」という報道もあります。

習明沢守護霊　ああ。

綾織　実際、「終身制」となったら、親族、肉親でつないでいくという可能性はあると思うのですけれども。

習明沢守護霊　いや、それは、父が長生きした場合ですからね。

綾織　ああ。長生きすれば、ある？

習明沢守護霊　うーん、そんなにもちますかね。ちょっと分からないですね（笑）。

綾織　ご自身も、いちおう想定はされているんですね。

習明沢守護霊　いやあ、そこまでじゃないですけど（笑）。毎年毎年、任されてる権限は大きくなっているのは事実ではありますね。

綾織　ほう。

習明沢守護霊　というか、父も、側近をあんまり信用しないタイプなんで。情報操作とかされる可能性もありますのでね。

そういう意味で、「娘のほうが情報網《もう》のセンターのところを握《にぎ》っている」というところは、信用してる部分があるのかもしれませんがね。

失脚すると、〝一緒《いっしょ》に行っちゃう〟可能性はあるんで、そのへんのコントロールをしなきゃいけないところですね。

「海外の評判が、習近平《しゅうきんぺい》に客観的に
入っているかは分からない」

綾織　これまでに、●習近平《しゅうきんぺい》主席の守護霊霊言《れいげん》を、何度も収録させていただいているのですけれども……。

習明沢守護霊　知ってますよ。聞いてますよ。

綾織　だんだんと、「思い込《こ》みが激しい」というか、「特定の情報にしか触《ふ》れていないな」という感じがしてきました。やはり、全体的に「見えないところが、かなり多くなってきているのかな」という印象を持ちます。

(2018年11月刊)

(2018年6月刊)

(2012年10月刊)

(2010年11月刊)

●習近平主席の守護霊霊言……　(右から)『世界皇帝をめざす男』『中国と習近平に未来はあるか』(共に幸福実現党刊)、『守護霊インタビュー　習近平 世界支配へのシナリオ』『習近平守護霊　ウイグル弾圧を語る』(共に幸福の科学出版刊)。

その意味では、「立場上、非常に厳しい状態になってきているのかな」と思うのですが。

習明沢守護霊　日本の天皇陛下《へいか》が、戦前に元首だったのと同じなんで。今は、「元首」ですから。で、「軍のトップ」でもあるわけなんで、逆《さか》らえる人が、立場上いないはずですよね。

だから、あるのは暗殺……。暗殺みたいなのを狙《ねら》われないかぎりは一緒で、権力的には、ヒットラーと同じ権力を持ってますよ、はっきり言ってね。

綾織　おお。

習明沢守護霊　だから、うーん。それで、「国内で、どの程度の支持率があるか」

は、民主主義国じゃないから、マスコミで調べたって分からない（笑）。支持率は分からないし、海外の評判が、本人に客観的に入っているかといったら、これも、ちょっと分からない。分からないですね。

それに、嫌《きら》いだからね。だいたい、欧米《おうべい》系の評価は嫌いだから。反対なんで。反対で、だいたい嫌いなんで。

何ですかね、やっぱり、（欧米系は）優越《ゆうえつ》意識を持ってますからね。あれに対する反発はあって。

「中華《ちゅうか》五千年の歴史」があるから、「彼らが野蛮人《やばんじん》だったときに、われわれは文明人だった」っていう誇《ほこ》りは、あるのはあるんですよ。

綾織　なるほど。

## 6 「中国電脳革命」の恐《おそ》るべき実態

### AIを使って、香港《ホンコン》デモを監視《かんし》している

綾織　やや細《こま》かな関心になるかもしれないのですが、地上の習明沢さんと習近平《しゅうきんぺい》国家主席は、普段《ふだん》、どういう話をされているのでしょうか。

習明沢守護霊　うーん。今、あなたがたが関心のある、暴動とか、反乱とかの情報等は上げてますけどね。話もすることもありますが。
例えば、「監視《かんし》カメラを香港《ホンコン》に増やすか、増やさないか」とか、「どの程度の人口比率でやるか」とか、このあたりは、私がやっているので（笑）。

綾織　あっ。

習明沢守護霊　ええ（笑）。そのくらいの権限は、もう持ってはいるので。

綾織　なるほど。

習明沢守護霊　香港では、マスクを一生懸命《いっしょうけんめい》してるね。次は、あの黒マスクをスキャンして、それを通して、地顔が全部出るような方法はないかなあとか、今考えてます。骨相《こっそう》か何かで、顔が割り出せるようにならないかなとか考えてるんですが。

綾織　そういうデータを全部集めて、あとで一斉《いっせい》に逮捕《たいほ》していくということを考えているのではないかとも言われています。実際、そういうタイミングを狙《ねら》っているのでしょうか。

習明沢守護霊　っていうか、自分自身の能力でできないので、ＡＩでやらせるつもりではいるんですけどね。
だから、ＡＩが、「代理の支配人」になるでしょうね、おそらくね。

綾織　そのように、香港のデモの監視をして、どういう方向に持っていくつもりなのですか。一斉に逮捕するとか、弾圧《だんあつ》をするとか……。

習明沢守護霊　うーん、それは難しいけど。

ただ、私みたいな、若い者から見てもですけど、日本の警察システムなんか、極《きわ》めて〝軟弱《なんじゃく》〟には見えますね。情報網《もう》が極めて緩《ゆる》い。〝緩い〟ですね。香港だけでなくて、中国の場合も、潜在《せんざい》的犯罪人まで、もう全部、マークされて、終わっているので。

綾織　香港の警察のなかに、すでに、北京《ペキン》政府の役人や人民解放軍がかなり入っていると見られていますが、そういうところまで行っているわけですね?

習明沢守護霊　いや、軍だけの問題ではないですけど、何て言うか、「電子革命、電脳革命が、中国のほうが進んでるんじゃないかと思う」ということを言ってるだけなんで。

日本の警察だと、犯人逮捕に一週間から二週間かかるようなことを、中国だと、

「十分」でできるところまで行ってるんで、進んでるんですよ。

アメリカやイギリスも一部、そういう能力も持ってはいるんだけども、それは、特殊《とくしゅ》な情報機関に関連するような仕事のところに関しては、そうなんです。イギリスのジェームズ・ボンド的な仕事や、アメリカのCIA的な仕事の対象になってるところについては、そうとう入り込《こ》んでることは間違《まちが》いないけど、全国民を同じようにはやってはいないですよね。

だから、全国民に、そういうネット網をかけようとしているのは、中国で。人口が今後、増加したところでも、まだ国家が維持《いじ》できるかは、このネット網にかかっているとは見ている。

## 「幸福なファシズム」を目指している？

綾織　それが、ご自身にとっても重要な仕事で、ご自身でやるべきことだと思われているのでしょうか。

習明沢守護霊　ジョージ・オーウェル的には、『一九八四年』みたいな、「テレスクリーンによる管理」に当たるんだけども、こういう全体主義的な悪印象を、ハーバードの〝心理学科〟能力で破って、もうちょっと好印象のものに持っていこうとしているというところなんですよ。

藤井　中国ウオッチャーの方は、「これは、新しいファシズム、ニュータイプ・ファシズムだ」と……。

習明沢守護霊　そう言えば、そうですよ。
でも、ファシズムっていったって、いろんな種類、バリエーションが今後ありえるから、「幸福なファシズム」とか、あるかもしれない。

藤井　幸福なファシズムというのはありえると？

習明沢守護霊　うん。あるかもしれない。

綾織　なるほど。

暴力を使わずに、人を完全に管理できる可能性を持つ電子マネー

綾織　となりますと、習近平氏のさまざまな弾圧にしろ、超《ちょう》監視社会にしろ、それにうまく〝化粧《けしょう》〟をして（苦笑）、「よいイメージで世界に見せる」というのが、習明沢さんの役割ということですか。

習明沢守護霊　でも、基本的に、毛沢東《もうたくとう》から始まってるからね。チベットとか、ウイグルとかを攻《せ》め取ったのはね、毛沢東から始まってるので。で、まずやったのは、高速鉄道等を通して、直行で行けるようにして、観光客も行ったり、向こうも来たりして、要するに、逃《に》げられないように、「運送ルート」「交通ルート」をつくってしまうことでしょう?

次は、その行政機関に、〝北京の色が付いた人〟を送り込んで統治をするっていうことで。

あとは、秘密結社とか、反乱軍とかをつくられる可能性があるので、それを常時監視するシステムを、三段階目でつくるということで。これが、今の「電脳社会」ですよね。

あと、今ほとんど「電子マネー」に移行中で。できないのは、それは、貧しい人も一部いるんで、田舎《いなか》のほうで、貧しい人や定職にちゃんと就《つ》いてないような人とかは、ちょっと難しいので、全部は行かないけども。

電子マネーになれば、要するに、最終的に、全国民の財布《さいふ》の紐《ひも》を握《にぎ》れるので、国家が指名手配した者の電子決済をできないようにしてしまえば、一発で〝干上《ひあ》がる〟んです。一日で〝干物《ひもの》〟にできちゃうんです、この人を。

とすると、もう、何らの強制力も働かせることなく、この人の「電子マネー」を使えないようにしてしまっただけで、ピンポイントで、「電子マネー」を一切《いっさい》、どこでも使えないようにしたら、この人は、完全に、川に毒を流したときに浮《う》いてくる魚みたいに、あんな感じで浮かび上がってくるんで。

だから、暴力を使わないで、人を完全に管理できる可能性があるんですよ。

藤井　自由な世界から見ると、それは、国民が奴隷《どれい》化されているように見えますが。

習明沢守護霊　それは、十四億みたいな人数になったときに、マスのレベルで、毎年、「平均レベル」が上がっていく感じがあれば、トータルの幸福度は担保《たんぽ》されると思うんですよ。

これで、全体が監視され、どんどんどんどん、牢獄《ろうごく》生活みたいになって、貧しくなっていくとなれば、反乱が出てくるということになりますよね。

## 中国型システムを貧しい国に輸出しようとしている理由

綾織　問題としては、そういう監視社会なり、電子決済のシステムなりを、海外でも展開するということです。

習明沢守護霊　まあ、入ってますよ、一部。

綾織　アフリカとか、東南アジアの国も一部ありますけれども。これを世界支配の道具にしていくとなると、本当に恐《おそ》ろしい「ディストピア」ができてきますね。

習明沢守護霊　いや、でも、もしかしたら、「新しい未来」かもしれないじゃないですか。

中国は、貧しさには慣れてるので。アフリカとか、南米とか、ほかのところも、みんな、けっこう貧しいんで。貧しいところに、こういう「中国型システム」を〝輸出〟して、貧しい人たちのなかから、一部、裕福《ゆうふく》な階級をつくり出していって、統治階級をつくってきて、国を統治できるようにしていくっていうシステムをつくれば、アフリカだって、もしかしたら、あっという間に近代化する可能性もあって、中国方式でやれば、三十年もありゃ、近代化する可能性がありますから。

小林　中国としては、「海外に対して、よいことをしている」という考えで、中国型システムを輸出されているのでしょうか。

習明沢守護霊　うーん……。いいことをしてるかどうかは分からないが、うーん、いや、あなたがたの「愛」「知」「反省」……、「発展」ですよね。発展の感覚を共有することで、中国人のプライドが今、満たされているわけですよね。

だから、香港なんかの問題はね、まあ、香港のほうが中国本土よりもプライドが上なところがあるわけよ。「こちらのほうが先進国」みたいな気持ちを持ってるから、言うことをきかない。台湾《たいわん》も、そういうところがあるからね。

## 7　日米英は「後《おく》れている」

### アメリカの「発展・自由・民主主義」について思うこと

綾織　アメリカ留学のところに戻《もど》るのですけれども、習明沢さんは、アメリカのハーバード大学で過ごされています。最も優秀《ゆうしゅう》な方々が集まってきていて、お友達として、交流もあったと思います。

ですから、アメリカ的な発展というのも、十分理解されているでしょうし、アメリカの「発展」と、今、あなたが言われている「発展」とはかなり違《ちが》うという認識を持たれていると思いますが。

習明沢守護霊　でも、アメリカも〝犯罪国家〟ですからね。銃《じゅう》が多くて、犯罪と麻薬《まやく》、銃と麻薬の国家なんで。うーん、あれ自体を理想とするかどうかは問題ですよね。

綾織　まあ、陰《かげ》の部分が大きいのは間違いありませんが。

習明沢守護霊　中国は、まだ、あれほどの銃社会でも、麻薬社会でもないし、そういうのを取り締《し》まるのは、非常に上手に取り締まれるところがありますから。麻薬を持って入ったら、すぐ逮捕《たいほ》できますからね。

綾織　ただ、やはり、アメリカのよいところは、「それぞれの才能を持った人が、次々に出てくる。経済でも、政治でも、教育でも、さまざまな分野から出てくる」というところですよね。

習明沢守護霊　それは、ある程度、分かりますよ。

国民数がね、アメリカは三億から四億に今、向かおうとしてるんだろうけど、こちらは十四億いるので、一人当たりがね、だいたい、経済的にも接近してくればね、完全に、こちらのほうが先進国になってくるだろうなとは思っています。

綾織　アメリカ的な自由や民主主義については、どう思われているのでしょうか。

習明沢守護霊　うーん。転落して犯罪を生みやすいところは気にはなりますね。まあ、転落して犯罪を犯《おか》しやすい点は、やっぱり気にはなりますね。

中国は、「人権」にやや制約がかかってるようには見えるかもしれないけど、ある意味では、親心《おやごころ》で国民を見ているところはあるんで。急速な成功は難しいかもしれないけれども、あんまり個人的にやって、失敗者があんまり多すぎないようには、見てるところは見てるつもりでいるんですけど。

南部のほうでは、もう完全に資本主義になっておりますので、「儲《もう》けたやつが勝ちだ」みたいな感じにはなってきていて、中国全体から見ると、あんまり望ましくない部分はあるような気がしますね。

これは、アメリカ化したと言えるのかどうかは、ちょっと分からないですけどね。

## 監視《かんし》社会は「イギリスと大きく変わらない」？

綾織　私たちの立場、つまり、「宗教の立場」から、「魂修行《たましいしゅぎょう》において、どういう環境《かんきょう》が望ましいのだろうか」と考えると、「仮に、失敗があったとしても、自由があって、それぞれ、『成功』『ほどほどの成功』『失敗』が出てくる」というのが、一つの魂修行のあり方だと思います。

そういう考え方から見ると、「中国では、人々は監視《かんし》されて、管理されて、自由がない。それは、魂修行として、どうなのでしょうか」というところはあります。

習明沢守護霊　いや、でも、イギリスだって、国民十人に一台以上は監視カメラがあると言われていますから。

綾織　それは、犯罪の問題ですね。

習明沢守護霊　それだと、そんなに大きく変わるわけではないんじゃないんですかね。

綾織　しかし、生活のすべてを監視するのと、犯罪防止のために、そういうカメラがあるのとでは、ちょっと違うと思います。

「日本は、警察もマスコミも後《おく》れている」

習明沢守護霊　この前、日本では何？　あれ、「あおり運転」って言うんですか。何か、こう……。

綾織　高速道路でですね。

習明沢守護霊　車線を変えて、相手に暴力を振《ふ》るったりするの？　何か話題になってたみたいですけれども。あんなのを割り出すのに、すごい時間がかかってたじゃないですか。

中国なら……、ハッハッ（笑）、あんなの、ちょっと、もうジョークに近いレベルですよ。できないんですよ、そんなことは。

綾織　確かに、（中国のシステムには）便利なところもあるとは思うのです。例えば、ニュースで出ていた話としては、今までは、中国人であれば、財布《さいふ》の落とし物を拾ったら、「そのまま、もらってしまう」ということが多かったのですが、ほとんど、すべての人が警察に届け出るようで、みな、強制的に「善人」になっているそうです。

それは、全部監視されており、何をやっているのかが見えてしまうからでしょう。そのように、変なかたちで「善意」を強制されるという、おかしな状態になっているようなのです。

習明沢守護霊　だから、日本はね、警察システムも後《おく》れていますけれども、例えば、小泉進次郎《こいずみしんじろう》さんは、大臣になられたけれども、滝川《たきがわ》クリステルさんと結婚《けっこん》されて、「妊娠《にんしん》五カ月だった」っていうようなの、マスコミも、あんな不覚はちょっと恥《は》ずかしいんじゃないですかね。

中国なら、あんなの、とっくにつかんでますから。あれは、日本のマスコミは、かなり、そうとう後れてる。警察だけじゃなくて、マスコミも後れていることを意味していますね。

あんなの、（中国なら）ホテルに、全部、監視カメラが付いてますから、完全に分かるんですよ。

## 8　宗教、そして、幸福の科学について

### 「キリスト教や大きな組織の団体は、国家の脅威《きょうい》になりえる」

藤井　そういう自由がないということで言えば、中国でいちばん問題なのは、「信教の自由」がないということです。

例えば、キリスト教会が取り壊《こわ》されています。実際には、中国の大衆のなかには、信仰《しんこう》を持っている人たちはたくさんいると思うのですが、無理やり押《お》さえつけている現状があります。

導入のところでも、（大川総裁が）「法輪功《ほうりんこう》」の話題にも触《ふ》れられていましたが、（中国共産党政府は）強権で押さえつけているけれども、国民大衆が望んでいる

ことは違《ちが》うのではないでしょうか。ここが、いちばん問題だと思うのです。

習明沢守護霊　それは、マルクス主義の「宗教はアヘンだ」っていう考えのところの問題にもなるかもしれないけれども、中国自体は、欧米《おうべい》列強の植民地主義・帝国《ていこく》主義が、キリスト教と一緒《いっしょ》に来たことを知ってるからね。

キリスト教の宣教師がまず来て、そのあと、軍隊がやって来て、（国を）取りに来るっていうのを経験しているから。キリスト教なんかも、必ずしも善とは思ってはいないんですよ。そのへんがあるから。

宗教には、必ず〝裏がある〟場合があるんでね。だから、いい宗教か悪い宗教か、見分けるのは、ちょっと簡単ではないし。

法輪功みたいな、気功《きこう》のような団体に見えても、小さければ別に問題ないですけれども。小さいか、それぞれの拠点《きょてん》で勝手にやっているような感じなら、どうってことはありませんが。

今の、この私がやっているのと同じように、情報網《もう》で全部がつながってき始めると、九千万人なら九千万人っていう組織があると、お金も出てくれば、人の組織網による権力も生じてはくるんでね。

宗教の場合は、上から出た命令は、下まで末端《まったん》まで行き渡《わた》って、組織行動を起こしますので。下手《へた》すれば、集団自殺だってやらせる。宗教には、そういうところがありますからね。

そういう意味では、国家にとっては、十分な脅威《きょうい》にはなりえるんですよね。九千万人になりますと、軍隊だってそんな簡単には制圧できない。普通《ふつう》の中国人と見分けがつかないですから。そんな簡単ではありませんわね。

## 習明沢氏守護霊は、「宗教」をどう見ている？

藤井　ご自身の宗教信条としては、神様を信じていたりとか、何かそういうことはあるのでしょうか。

習明沢守護霊　うーん……、アメリカ経験もあるから、分かることは分かるんですけどね。アバウトに、人間の上に神がいなかったら、人は罪を認めたり、反省したり、祈《いの》ったり、懺悔《ざんげ》したり、まったくできなくなりますからね。それは、分かることは分かるけど。

でも、それが、キリスト教の神なら、ちょっと、キリスト教が中国を支配する道具になる可能性もあるんですよね。それから、仏教を立てすぎても、インドが次のライバルですから、仏教のほうをあんまり立てるわけにはいかない。

（中国の）民間信仰としては「道教《どうきょう》」はあるけれども、道教は、〝統治の道具〟としては非常に具合の悪いっていうか、ざっとした宗教で、民間伝承のレベルなんですよね。だから、〝日本昔話〟で統治するようなもんなんですよ。

あとは、「日本神道《しんとう》」っていうのがありますけど、これは鳥居を建ててるだけで、これまた、中身が何もないから。これも、鳥居を使って、いろんなものが独裁できる可能性はあるので。

そういう意味で、理想的な宗教がないんですよね。

藤井　さっき、チラッと、ご自身で、「愛・知・反省・発展」とおっしゃっていたので、もしかして、幸福の科学に関心を持ったりされていますか。

習明沢守護霊　いや、それは研究してますよ。すべての情報を集めてるので。

## 大川総裁の分析《ぶんせき》を「総力を挙げてやっている」

綾織　その意味では、昨日《さくじつ》（二〇一九年九月十六日）、東京の新宿《しんじゅく》というところで、香港《ホンコン》をサポートするデモを、幸福実現党が中心になって行いましたが、そのなかで、中国人の留学生が、逆に、それに反対するようなデモンストレーションを行《おこな》って、対立するような場面がありました。

これは、「（中国共産党から）動員された」というように見られるのですが、こういう情報も取られていたりしますか。

習明沢守護霊　それは、中国大使館前に、党首（幸福実現党・釈量子《しゃくりょうこ》）がそんな街宣《がいせん》をして、香港デモについて中国を非難してて、そのあと、香港に来るなんていうことをやってるんですから、「こちらが情報をつかんでない」と思うほうが甘《あま》いですわね。

だから、何をする団体か、今、情報分析《ぶんせき》は専門家たちがすごくやってますよ。ただ、まだ、情報分析の結果が明確じゃないんですよ。例えば、「党首の『釈量子』っていう人は、もう瞬間湯沸《しゅんかんゆわ》かし器みたいに動くらしい」っていうことは分かっているけれども、総裁の「大川隆法」っていう人は、簡単には分析できないんですよ。本当は何を考えているかが、ちょっと分からない。

キリスト教やイスラム教、孔子《こうし》や孟子《もうし》や老子《ろうし》あたりまで入れて、日本神道も入れて、本当は何を狙《ねら》っているのか。あとは、超能力《ちょうのうりょく》から宇宙まで入れてきて、映画はつくるし、いろいろやっているので、これ、「思想分析」を今、総力を挙げてやっているんですけれども。

綾織　そういうことですね。

習明沢守護霊　うーん。まだ、ちょっと、分析し切れないので、様子を見ています。三月の台湾《たいわん》の講演は、情報は入っています。

ただ、言い方がとてもうまいので。いやあ、「中国の敵」とも言えないんですよ、ああいう講演の仕方をされると。「中国人は愛している。ただ、政治制度については、考え方を改めていくほうがいいんではないか」ということで、中国本土の人もオルグ（相手を引き込むこと）するような考え方を持っているので、実に〝巧妙《こうみょう》な〟講演をするんですよ。

だから、釈さんみたいに単純じゃないから。この「大川隆法の分析」は、ＡＩをかけてやってるんですけど、まだ、ちょっと出ないんですよ、「答え」が。

綾織　ＡＩでは難しいと思いますね。

●三月の台湾の講演……　2019年３月３日、台湾・グランド ハイアット 台北にて「愛は憎しみを超えて」と題して、講演および質疑応答を行った。『愛は憎しみを超えて』（幸福の科学出版刊）参照。

習明沢守護霊　「答え」が出ないんですよ。完全に「敵」とも判断できないんですよ。〝違う動き方〟をすることがあるので。

例えば、トランプさんに全部ついているように見えつつも、トランプさんに反対のこともたまに言うので、ここが難しい。

## 大川総裁の説く中国の未来像も「一つの選択肢《せんたくし》」

綾織　そういう「分析が難しい」という部分、先ほどの「中国国民を愛している」というところで言うと、「天帝《てんてい》」という言葉を投げかけたくなります。

やはり、中国の人たちを愛していて、その人たちを本当に幸福にするような政治でない場合は、「革命を起こしていく」という判断が出てくると思います。

習明沢守護霊　だから、研究はしてますけどね。

でも、その革命……、（中国の）十四億人がね、「また、それぞれの省ごとに分かれて群雄割拠《ぐんゆうかっきょ》になって、戦争ばっかり、内戦が起きるような状況《じょうきょう》を、もしつくりたい」ということを願っているというなら、私たちは、「幸福の科学は完全に排除《はいじょ》しなきゃいけない」と思ってはいるんだけれども。

そうではないかたちで、国民がそんな内戦状態が何十年も続くようなことがあるんではなくて、「違ったかたちでの政治システムの構築によって、中国が、今以上に、政治的にも経済的にも民心的にも安定するやり方が本当にあるのかどうか」っていう。

彼（大川総裁）が言っているような「議会制民主主義型への平和的移行と、中国の発展・安定、あるいは、外国の侵略《しんりゃく》を受けない状況の維持《いじ》」っていうのがありえるなら、それは一つの選択肢《せんたくし》として研究しなければいけない方向ではあるので。完全に否定しているわけではないんですよ。
だから、ちょっと、父が強面《こわもて》するので、香港や台湾を強欲《ごうよく》に分捕《ぶんど》ろうとしているように見えると思うんだけど。これだから、私は、「くまのプーさんイメージでもいい」って言ってるんですが。「くまのプーさん」のイメージで、〝ディズニーランド攻《ぜ》め〟していったら、もっといいような気がするんですけどね。

**習明沢氏守護霊は、幸福の科学の「霊言集《れいげんしゅう》」をどう見ている？**

藤井　イメージ以前に、幸福の科学からは、霊言本《れいげんぼん》が何冊か……。

習明沢守護霊　はい、出てます。

藤井　例えば、習近平《しゅうきんぺい》氏の守護霊の霊言も五冊出ています。本心をそのまま明らかにしているところがあると思うのですが、何か感想はお持ちでしょうか。

習明沢守護霊　いやあ、何か、すごく〝メディアっぽい〟んじゃないんですか。何か、〝メディアっぽい〟っていうか……。

藤井　内容の信憑性《しんぴょう》については……。

習明沢守護霊　何か、すごくドグマ（教条）に満ちているとは思わないですよ。「霊界《れいかい》とか霊を認めるかどうか」っていうのは、これは一つの考え方だから。「それを認めること自体がドグマ」と考える人にとっては、それはドグマなのかもしれないけど、そう考えずに考えた場合は、いろんな人の、各国の（首脳の守護霊霊言等を）やっているのを分析かけてますけど、極《きわ》めてメディアっぽい。

ほんとに、今日もやってますけど、〝取材〟として相手の情報分析をして、「どういうふうに対応すべきか」っていうことを、個別に考えてるようには見えることは見えるので。

だから、イランとかだったら、アメリカから見りゃあ、「もう、独裁者のサダム・フセインが、今度は再び、イラクからイランに現れた」みたいに見えて、何とか、攻撃《こうげき》しなきゃいけない口実を何かつくろうと、今、一生懸命《いっしょうけんめい》、アメリカ系は考えてますよ、はっきり言えば。国防総省、CIAその他はね。

ただ、大川さんのは、イランのトップツー（ハメネイ師、ロウハニ大統領の守護霊）にインタビューして、「悪人じゃない」と。「彼らは、国民の幸福を願っている」ということだから、「攻撃すべきじゃない」というような判断を、いち早く下《くだ》しているし、安倍《あべ》さんも、その影響《えいきょう》を受けて、何か仲介《ちゅうかい》に入ろうとしている。

●イランのトップツー……『日本の使命』『リーダー国家 日本の針路』（共に幸福の科学出版刊）参照。

それがアメリカに影響して、トランプさんが強硬路線《きょうこうろせん》だけでない……。ボルトンさん（前米国家安全保障問題担当大統領補佐官《ほさかん》）が、そうとう強硬なので。もう、「イランは悪魔《あくま》だ」と思ってるから、ボルトンさんのほうが更迭《こうてつ》されて。もう少し、安倍さんを絡《から》ませて軟着陸《なんちゃくりく》できないかどうか、やっているから。

だから、「大川さんの分析が、政治的にも影響している」というところまでは、私たちもつかんでるんですよ。

「金正恩《キムジョンウン》の守護霊霊言《れいげん》」を心理学的に分析《ぶんせき》すると？

藤井　例えば、「●金正恩《キムジョンウン》の守護霊霊言《れいげん》」などは、とても役に立ったりしないですか。

習明沢守護霊　チェッ（舌打ち）、うーん……。

●金正恩の守護霊霊言……『文在寅《ムンジェイン》守護霊 vs. 金正恩《キムジョンウン》守護霊』『守護霊インタビュー 金正恩 最後の狙い』『緊急守護霊インタビュー 金正恩 vs. ドナルド・トランプ』（いずれも幸福の科学出版刊）等参照。

藤井　けっこう、習近平さんとしては、手を焼いているところもあるのかな、と。

習明沢守護霊　いや、あのねえ、何と言うか、「金正恩の人物像」を、よく描《えが》き出してるよね。

だから、一般《いっぱん》的には、「狂気《きょうき》の若者」ということで、「攻撃するだけの若者」っていう金正恩が、何か、何回も（守護霊霊言を）やっていると、だんだん、「大川先生」なんて言いながら、懐《なつ》くようにやって来てる。

あの感じは、トランプさんに媚《こび》を売りながら、何か友達になっていこうとする感じと極めてよく似ていますので、そのへんの分析《ぶんせき》はよくしてるなあ、と。心理学的に見ても、よく分析しているなあとは思いますね。

だから、相手として……、いやあ、「心理学 対 宗教」という、わりあい、そんなに遠い関係でもないんですよ。「心理学 対 宗教」っていうのは、人間学を間に挟《はさ》んで相対峙《あいたいじ》しているものですから。心理学的分析と、宗教家による人間観察、これは、いちおう、「どっちが腕《うで》が上か」っていうバトル（戦い）はあるわ。

綾織　やはり、ハーバードで学んだものとして、心理学に思い入れがあるんですね？

習明沢守護霊　いちおうね。「人心《じんしん》をつかむ」ということは、非常に大事なことなので。あるいは、「人心のコントロール」というのは、大きな国にとっては極めて大切だし、日本だって……、日本の政治も、ほとんどそうでしょ？

だから、「ポピュリズム（大衆迎合《げいごう》主義）」と判断されていますけど、日本の政治は。ポピュリズムだって、ほとんどは、「在野の心理学」みたいなもんですよね、はっきり言えばね。

## 9　世界制覇《せいは》の野望とそのルーツ

### 習明沢氏守護霊が「反日的な気持ち」を持っていない理由とは？

綾織　今、初めて日本の話が出ましたけれども、ご自身としては、日本に対しては、それほど悪い気持ちをお持ちではないのでしょうか。どうなのでしょう。

習明沢守護霊　うーん、今のところね、来年は、まだ、父が皇室にも最高待遇《たいぐう》で、国賓《こくひん》で呼ばれて……。

綾織　はい、来年、呼ばれていらっしゃいます。

習明沢守護霊　っていう関係であるし、アメリカと貿易戦争してる間は、やっぱり、「日本と、あんまり事は起こさないようにしなきゃいけない」っていうところは、あることはあるんで。

まあ、ロシアのところが、ちょっと〝綱引《つなひ》き〟になってますが。（中国は）ロシアと軍事的に、今、近寄ってきていて、「アメリカが、もし万一《まんいち》、中国やロシアに何か手を出そうとしたときには、共同で防衛しよう」っていうほうに、ちょっと寄ってるのを、大川さんのほうは、ロシアのほうを中国から切り離《はな》して、アメリカ、日本とロシアのほうを近づけようとして、〝切りに来てる〟でしょう？

だから、何か、「政治家より政治家」だよね、考え方を見たらね。

綾織　シンプルに、反日的な気持ちは持たれていないのでしょうか。

習明沢守護霊　いや、特に持ってはいないですよ。

だから、日本は、どっちに行くか分からない国ではあるから。そういう意味での主体性はないから、はっきり言って。総理大臣が替《か》われば、どっちにでも変わるような。

鳩山《はとやま》さん（鳩山由紀夫《ゆきお》元総理）みたいな人がいたら、あっという間に、それは、沖縄《おきなわ》ぐらい中国に〝返還《へんかん》〟してくれるんじゃないですかね。そんな気も（笑）。

鳩山さんが十年、総理をしたら、沖縄の中国返還が……。

「ベトナムやミャンマーからヨーロッパまで視野に入っている」

藤井　いちばん最初に、「アメリカの連邦《れんぽう》制のようなものがあってもよいのではないか」と言われたのが少し気になるのですけれども。

そうした連邦制のなかには、もちろん、チベットやウイグルもあったりしながら、もしかしたら、例えば、「台湾《たいわん》や朝鮮《ちょうせん》半島、フィリピンなどが入る」ということも考えておられるのですか。

習明沢守護霊　中国の最大規模だったときはね、それは、あのへんまで、まあ、ベトナムとかも入ってますからね。ベトナムやミャンマーのあたりまで入ってますから。

あと、おたく（幸福の科学）は「●ジンギス・カン（チンギス・ハーン）」という名前も出してきたけれども、ジンギス・カンの時代だったら、ヨーロッパまで食い込《こ》んでますからね。そういう大きな大中国も、視野には入ってはいるんでね。

●ジンギス・カン（チンギス・ハーン）　幸福の科学の以前の霊査《れいさ》で、習近平氏の過去世《かこぜ》の一つはモンゴル帝国の初代皇帝ジンギス・カン（チンギス・ハーン）であると推定されている。『世界皇帝をめざす男』（前掲）参照。

## 「チンギス・ハーン」の時代も親子だったのか

綾織　「チンギス・ハーン」の名前が出ましたけれども、その時代もあなたは肉親としていらっしゃったと考えられるところもあります。そのあたりについては、いかがでしょうか。

習明沢守護霊　うーん、ハッハッハッハッハ（笑）。うーん、どうですかねえ。

綾織　縁《えん》が深いというのは、間違《まちが》いないですよね。

習明沢守護霊　うーん。

藤井　大帝国を建てるなら一代では難しくて、親子で継承《けいしょう》していくところもあるのかなという感じもしますけれども。

習明沢守護霊　まあ、時代が変わってますからね、同じかどうかは分かりませんけれども。

いやあ、それはね、何だかいろいろ……。あの時代は、王様に代わるものをいっぱい立てなきゃいけなかったからね、ヨーロッパに近いところまで。

綾織　はい。

習明沢守護霊　だから、親族をいっぱい〝王様代わり〟に使った。ナポレオンだってやってることですからね。まあ、しかたないんでね。「信用できる人」ということだから。
まあ、（そういうことも）知ってはいるけど、まだ、ほんとは原宿《はらじゅく》あたりで買い物をしたいぐらいの女性ですので、そんな大物じゃないですよ。

「二〇三〇年から三五年には、アメリカを超《こ》えたい」

綾織　でも、中国が向かっていく未来というのが、ある意味で、かなり見えたところがありました。中国の未来や、世界をどう支配していくかというところが、今日は見えた感じがいたします。

習明沢守護霊　アメリカは中国を発展させてもくれたが、「宿命のライバル」にもたぶんなる。（中国は）今、世界二位の経済力だが、いずれ……、今のままだとどのくらいになりますかね。目標は、もうちょっと早かったんですけど、トランプさんも頑張《がんば》ってるから、少し先延びするかもしれないんですけど。

うーん、二〇三〇年から三五年ぐらいまでには、中国がアメリカを超《こ》えているぐらいまで持っていきたい。そのときに、中国の世界戦略が、またもう一段変わり、イノベーションしてくるんで。

アメリカは、やっぱり、一つのスーパーパワーに、「超《ちょう》スーパーパワー」から「ワン・オブ・スーパーパワー」に下がっていって、今のイギリスやドイツやフランスと変わらないような感じになるんじゃないかなとは思ってるんですけどね。

綾織　そのときに、「イノベーションした中国」は、どういうあり方になっているのでしょうか。

習明沢守護霊　中国で〝国連〟を開くつもりぐらいの感じだと思います。

綾織　なるほど。

習明沢守護霊　だから、朝貢《ちょうこう》外交ですね。歴史的には中華帝国《ちゅうかていこく》のように、中国の北京《ペキン》ですべての物事が決まるっていう。いろんな国が北京に集まって、（物事が）決まるという感じの〝大皇帝〟を目指しているのは、父だと思います。

綾織　そのときに、日本はどういう状態ですか。

習明沢守護霊　うん、まあ、日本は、「友邦」として存在すればよろしいんじゃないですか？

綾織　「友邦」ですか。

習明沢守護霊　うん。漢字文化圏《けん》としてね。

綾織　それは、管理されていたり、支配されていたりということではなく？

習明沢守護霊　ええ。友邦でね、〝日本の沖縄化〟を進めるという手はあります。

綾織　「沖縄化」ですね。

習明沢守護霊　だから、中国に対して尊敬の念を持つ国家には、洗脳していか……、いや、「洗脳」という言葉はよくないですね。あのー、〝指導〟していかなきゃいけないなと思っていますがね。

沖縄の知事の、「（沖縄を）一帯一路《いったいいちろ》の出発点にしていただきたい」っていうのはいいですね。

いや、次は、「東京を出発点に」とか言っていただくと、もっといいですね。

綾織　その大皇帝の立場を、今から想定されている？

習明沢守護霊　「（中国が）アメリカの経済力をトータルで抜《ぬ》いたら、日本やロシアあたりとうまく〝タッグ〟が組めて、ＥＵとも金融《きんゆう》や貿易を通じて比較《ひかく》的いい関係が築けたら、アメリカは、やや孤立《こりつ》型のモンロー主義になって、アジアの海とアフリカは中国の判断によって今後が変わる」という、こんな感じの図式が、今から十五年後ぐらいの感じですかね。

●沖縄の知事の……　2019 年 4 月 26 日、沖縄県知事の玉城《たまき》デニー氏は、定例記者会見で、日本国際貿易促進協会の訪中団の一員として訪中した際に、「『一帯一路』では日本の出入り口として沖縄を活用してもらいたい」と提案したことを明かした。

私の四十歳《さい》ちょっとぐらいの感じです。

綾織　なるほど。

幸福とは、「中国人が世界のトップに立つ」こと?

綾織　ちょっと、直接、訊《き》いてしまいますけれども。

習明沢守護霊　うん。うん。

綾織　「フビライ・ハーン」という名を聞いて、どういう気持ちが出てきますか。

習明沢守護霊　「フビライ・ハーン」と聞いて……。（約三秒間の沈黙《ちんもく》）いやあ、

●モンロー主義　1823年、アメリカ合衆国の第5代大統領ジェームズ・モンローが、基本的外交方針の一つとして、ヨーロッパ大陸と南北アメリカ大陸の相互不干渉を主張し、その立場を明確にしたことを言う。

それはね、分から……。男性でね、まだ優秀《ゆうしゅう》な方がいっぱいいますからね。そういうことには、すぐはコミットできない。

藤井　先日、習近平《しゅうきんぺい》さんの守護霊霊言《れいげん》のときには、「後継者にふさわしい人が、もうほとんどいない。娘《むすめ》ぐらいだ」ということをおっしゃっていました。

習明沢守護霊　いやあ、娘婿《むすめむこ》だってあるじゃないですか。

藤井　はい。

習明沢守護霊　例えばね。いいのがいたらね。

●先日、習近平さんの守護霊霊言……　『自由のために、戦うべきは今―習近平 vs. アグネス・チョウ 守護霊霊言―』（前掲）参照。

小林　お話を聞くかぎり、そうとう世界戦略を練られていて、また現代的なツールも使いこなしながら、それを実現しようとされているように見えるんですけれども、本当に「娘婿」なのでしょうか、ご本人ではなく。

習明沢守護霊　分からないねえ（笑）。それは分からない。フッフッ（笑）。

綾織　素朴《そぼく》に、ご自身の「幸福」とは何だと思われますか？　ご自身が幸福になること、あるいは、幸福であることとは。

習明沢守護霊　いやあ、中国人が、やっぱり、世界のトップに立つところを一度経験してみたいね。

綾織　なるほど（笑）。これは聞けば聞くほど、ちょっと何か特定されてくるようなところがあります。

習明沢守護霊　何か、世界のリーダーになってみたいね。うーん。

「南北朝鮮《ちょうせん》は、合併《がっぺい》したと思ったら、次は中国の一省になる」

綾織　その流れで行くと、私たちは、さまざまな国の指導者の霊言を収録させていただいておりますが、韓国《かんこく》の文在寅《ムンジェイン》大統領は、過去世《かこぜ》で、日本に対する元寇《げんこう》にかかわったという経験をされていることが分かったんですけれども、このあたりとも、縁があるのでしょうか。

習明沢守護霊　彼はね、ちょっと能力が足りないんでね、駄目《だめ》ですね。もう長くないと思いますね。

綾織　〝個人的な縁〟があったりしますか？

習明沢守護霊　うーん。（約三秒間の沈黙）とにかく、自分自身に対する要求レベルが低いですよ。だから駄目ですね。

自分に甘《あま》い人は、人にも甘いから、やっぱり駄目ですね。うーん、甘いね。甘いな、見方が。極《きわ》めてローカルで、狭《せま》いし、まあ、私たちも勉強中だけど、経済についてはもっと素人《しろうと》だね。私たちから見ても、もっと悪いね。

だから、あれ（韓国）も、〝吸収〟する予定だけどね。

綾織　吸収する？

●〝個人的な縁〟……　幸福の科学の以前の霊査で、韓国の文在寅大統領の過去世の一つは、元寇の時代に生まれ、高麗船をつくっていた人物であることが判明した。『断末魔の文在寅 韓国大統領守護霊の霊言』（幸福の科学出版刊）参照。

習明沢守護霊　うん。

綾織　なるほど。

習明沢守護霊　統一朝鮮《ちょうせん》？　そんなもの（笑）、ありませんよ。「朝鮮省」ですよ。そんなの当然でしょう。

綾織　うーん。

習明沢守護霊　だから、（南北が）合併《がっぺい》したと思ったら、中国の一省になっていますよ、その次はね。

綾織　その先は、「日本省」なんでしょうか。

習明沢守護霊　いや、日本は、関係によりますね。外交等のね、関係によりますね。

綾織　うーん。

## 10　ＡＩでも分析《ぶんせき》できない「大川隆法総裁」

### 幸福実現党の「言論波及《はきゅう》効果」のところが気になっている

習明沢守護霊　今ちょっと見ていて、分析していて、少し手強《てごわ》いのは大川隆法さんぐらいなんで。まあ、私のほうが長生きするだろうから、そのあとなら勝てると思ってはいます。

綾織　それは、そうではないと思います。

習明沢守護霊　弟子《でし》のレベルは、かなり落ちるでしょう？

綾織　これから育ってくる人もたくさんいますので。十年後、二十年後に、育ってまいります。

習明沢守護霊　おたくの弟子で、私を超《こ》える人がいる？

綾織　それは可能だと思います。

習明沢守護霊　釈《しゃく》さんぐらいなら、いつでも逮捕《たいほ》はできるよ。簡単に。もう、バッタみたいに網《あみ》で捕《と》れるよ。

綾織　香港《ホンコン》であればそうでしょうね。

習明沢守護霊　いや香港でなくても。

綾織　なくても？

習明沢守護霊　うん。ほかのところでも、捕《つか》まえられる。

綾織　ほお。日本でそれをやるんですか。

習明沢守護霊　ええ。日本でも日本以外の国でも、簡単に捕《と》らえられる。

綾織　そうかもしれませんけど、それを恐《おそ》れていてもしょうがないですから。

習明沢守護霊　私たちの情報網《もう》を甘《あま》く見ちゃいけないんだよ。能力判定も、そうとうシビアだから。

綾織　なるほど。

習明沢守護霊　ただ、今のまま置いといたほうが、幸福実現党は負け続けるから、このほうがいいんじゃないかということで、〝泳がしてる〟んで。

綾織　いえいえ、そうではないと思います。

習明沢守護霊　もし、メルケル（ドイツ首相）みたいになってきたりとかね、ああなったら困るんですけどね。

藤井　日本の政党のなかでは、幸福実現党がいちばん気になるということですか。

習明沢守護霊　いや、政権に入れないでしょう。

ただ、（幸福実現党を）〝活動のツール〟として使っているからね。「オピニオン」を、ちょっと拡散する効果だけは持っているけど。まあ、大中国から見れば、今のところ、敵にはならないけど、ただ、ちょっと、「言論の波及効果《はきゅうこうか》」のところだけが気になっているんで。この分析《ぶんせき》が、今、もうちょっと、ＡＩでもまだ間に合わないので。

綾織　今回、ちょっと目立った動きとしては、アグネス・チョウさんの守護霊霊《れい》

●アグネス・チョウさんの……　『自由のために、戦うべきは今―習近平 vs. アグネス・チョウ 守護霊霊言―』（前掲）参照。

言《げん》と、習近平《しゅうきんぺい》氏の守護霊霊言もありましたけれども、その情報を得て、中国の国営放送が、ある意味で〝報道〟をして、最終的には一億人近くの人たちにその霊言の内容が伝わったという状況《じょうきょう》がありました。それは、いろいろな情報分析をしながら、一つの手を打ったのだとは思いますが、結果的には、幸福の科学の考え方が広がったかたちになりますね。

習明沢守護霊　●台湾《たいわん》の（講演会の）ときも、「日本は台湾を護《まも》る」と言ったから、翌日には、もう、（日本の）外務省に問い合わせを入れているはずですから。それは、ウオッチは全部、完全にしていますので。

綾織　はい。

●台湾の（講演会の）ときも……　『愛は憎しみを超えて』（前掲）参照。

習明沢守護霊　うーん。アグネス・チョウねえ……。どうするつもりかなあ。まあ、妙《みょう》な殉教者《じゅんきょうしゃ》に仕立ててもいけないんでね。

綾織　うーん。

習明沢守護霊　よく考えてやらなくちゃいけないなとは思っていますが。まあ、亡命するんじゃないのかな。日本に亡命する可能性を八十パーセントぐらいに読んでいるんですけどね。

「大川総裁は、中国の敵か味方か分からない」

綾織　今日のお話では、いろいろなご自身の未来戦略が語られましたけれども、それを、ある意味で左右したり、止めたりするのが、幸福の科学であり、大川隆法総裁であるという図式が見えてくるような気がします。

習明沢守護霊　たいていの頭のいい人は見てきたけどね、（大川総裁は）ちょっとだけ「複雑系の思考」を持っているので、どう出るかがちょっと……。ＡＩにかけても、どう出るかが分からないんですよ。

綾織　そうでしょうね。

習明沢守護霊　うん。

綾織　ＡＩもそうですし、心理学的な立場からも、ほとんど見えてこないだろうと思います。

習明沢守護霊　だから、中国の敵になるとも、味方になるとも、ほんと、先は分からないんですよ。

綾織　うーん。

習明沢守護霊　味方になる可能性もあるので。

綾織　本質的には、中国の人たちの味方です。

習明沢守護霊　うーん。だからね、いやあ、極《きわ》めて、先入観を抜《ぬ》きにして、人間性を個人的に分析してくるんでね。私についてだって、あくまで決めつけようとしてるわけじゃないからね。

綾織　はい。

習明沢守護霊　だから、なかなかのものだね。(大川総裁が)安倍《あべ》さんじゃない立場にいることは、うちにとっては幸福だなとは思っています。安倍さんのところにいられたら、ちょっと大変だ、これは。安倍さんの権力を持っていたら、もうちょっと戦略家になるだろうから。まあ、そういう立場にないので、それは助かりますけどね。

父があの世に行くころには、一緒《いっしょ》に行くでしょうから、それを待っています。

綾織　最終的には、「中国の国民の幸福をどちらが実現するか」というところで

郵便はがき

料金受取人払郵便

赤坂局
承認

5565

差出有効期間
2020年6月
30日まで
(切手不要)

1 0 7 - 8 7 9 0

112

東京都港区赤坂2丁目10—14
幸福の科学出版(株)
愛読者アンケート係 行

ご購読ありがとうございました。お手数ですが、今回ご購読いただいた書籍名をご記入ください。

| 書籍名 |
| --- |
| |

| | | |
| --- | --- | --- |
| フリガナ<br>お名前 | 男・女 | 歳 |
| ご住所 〒 都道府県 | | |
| お電話( ) — | | |
| e-mail<br>アドレス | | |
| ご職業 | ①会社員 ②会社役員 ③経営者 ④公務員 ⑤教員・研究者<br>⑥自営業 ⑦主婦 ⑧学生 ⑨パート・アルバイト ⑩他( ) | |
| 今後、弊社の新刊案内などをお送りしてもよろしいですか?(はい・いいえ) | | |

# 愛読者プレゼント☆アンケート

ご購読ありがとうございました。今後の参考とさせていただきますので、下記の質問にお答えください。抽選で幸福の科学出版の書籍・雑誌をプレゼント致します。(発表は発送をもってかえさせていただきます)

## 1 本書をどのようにお知りになりましたか?

①新聞広告を見て [ 新聞名:　　　　　　　　　　　　　　　　　　　　]
②ネット広告を見て [ ウェブサイト名:　　　　　　　　　　　　　　　　]
③書店で見て　④ネット書店で見て　⑤幸福の科学出版のウェブサイト
⑥人に勧められて　⑦幸福の科学の小冊子　⑧月刊「ザ・リバティ」
⑨月刊「アー・ユー・ハッピー?」　⑩ラジオ番組「天使のモーニングコール」
⑪その他 (　　　　　　　　　　　　　　　　　　　　　　　　　　)

## 2 本書をお読みになったご感想をお書きください。

## 3 今後読みたいテーマなどがありましたら、お書きください。

ご感想を匿名にて広告等に掲載させていただくことがございます。ご記入いただきました個人情報については、同意なく他の目的で使用することはございません。

ご協力ありがとうございました。

決まってくると思うんです。

習明沢守護霊　だから、共産主義、毛沢東《もうたくとう》革命のところを否定してきて、「先の日本軍が中国を民主化したほうが、中国の歴史としてはよかった」っていう考え方も出せるんでしょうけれどもね。結局は、でも、日中国交回復で日本企業《きぎょう》が入ってきて、日本型の生産工場をつくって日本経済に近づけてきたし、東洋の日本型経済をだいぶ仕込《しこ》んできたんでね。

だから、そういう意味で、日本人も逆に、政治のほうは「共産主義との親和性」が、戦後はずいぶんあったし。まだ、いまだにマスコミも、「左翼《さよく》マスコミ」がそうとうあるので。

まあ、「産経新聞」さえ潰《つぶ》しておけば、あとはいい。一生懸命《いっしょうけんめい》、朝日を潰そうとしている雑誌もありますが、産経が大きくならずに、このくらいの部数でいてくれれば、別に、日本とは、経済交流と緩《ゆる》やかな政治外交でやってはいけなくはない。

「投票で大統領になれるなら、別に民主主義でも構わない」

綾織　（小林に）ちょっと、女性同士ということで、もし何かあれば。

小林　女性で、これだけ大きな国の次の後継者《こうけいしゃ》かもしれないと言われているのは、すごく大変なプレッシャーというか、大きな使命だとは思うのですけれども、ご自身として、それを担《にな》っていくに当たって、「夢」とか、「思い」とかいうものは、どのくらいあるのでしょうか。

習明沢守護霊　ある意味では、それは、私だって、中国の大統領みたいな感じになりたい気持ちはあるのよ。

綾織　うーん。

習明沢守護霊　だから、民主主義を否定しているわけじゃないんですよ。支持してくれるなら、別に民主主義でも構わないんですけど、大きいから、そんな簡単にいくかどうかが、ちょっと分からないんですがね。

次の私らの代は、家でテレビを観《み》ながらの感じで、スイッチを押《お》しただけで投票ができるぐらいになっているはずなんで。

綾織　うーん。

習明沢守護霊　だから、国民ほぼ全員に近い人の投票が可能になっているはずなんで、そのときに、「〝（私を）支持させるための心理学〟は、どういうふうにつくられるべきか」ということを、今、練り上げているところなんで（笑）。

綾織　なるほど。

習明沢守護霊　いや、日本は後《おく》れていますよ。はっきり言っときますけど、かなり後れていますよ。

## 「カナダを親中にしない」というのは、いちばん嫌《いや》な兵法

綾織　最後に、私たちからの希望ではあるんですけれども、ぜひ、幸福の科学のことを分析し続けていただき、単に分析だけではなくて、大川総裁が言われてい

ることの中身、真意というのを探究し続けることを希望したいと思います。

習明沢守護霊　いや、（大川総裁は）トランプさんの当選の前にアメリカに行ったり、台湾に今年の三月に行ったり、ドイツにも行ったよね、去年（二〇一八年）ね。

だから、このへんの動きや見方は、ちょっと何か、諸葛亮孔明《しょかつりょうこうめい》的なところがあるような感じもすることはするんでね。

綾織　今秋には、大川総裁はカナダに行かれる予定です。

習明沢守護霊　いや、カナダとは、いいところに目をつけたね。ここを親中にしないつもりでいるんでしょう。それは、うちがいちばん嫌《いや》なあたりの兵法なんで。

●アメリカに行ったり……　2016年10月2日、アメリカ・ニューヨークにて、“Freedom《フリーダム》, Justice《ジャスティス》, and《アンド》 Happiness《ハピネス》”（自由、正義、そして幸福）と題して、英語講演および質疑応答を行った。『大川隆法 ニューヨーク巡錫の軌跡 自由、正義、そして幸福』（幸福の科学出版刊）参照。

イギリス、カナダ、アメリカと、つなぐつもりでいるんでしょう、たぶんね。これがいちばん嫌なやり方なんで。

綾織　なるほど。

習明沢守護霊　で、おそらく、ブラジルとの関係をよくして、中南米の経済的にうまくいっていないところに、たぶん日本銀行を〝出動〟させて、もうちょっと経済指導をさせるつもりぐらいのことを考えているはずなんで。だから、うちにとっては、十分手強い戦略家だなとは思っています。だけど、中国には、そっちもなかなか来れないでしょう。こっちも、気をつけないと行けないんですけどね。

天皇が替《か》わったから、次にどんな関係を築けるか、（習近平主席が日本に）来

●ドイツにも行った……　2018年10月7日、ドイツ・ベルリンにて、“Love《ラヴ》 for《フォー》 the《ザ》 Future《フューチャー》”と題して、英語講演および質疑応答を行った。『Love for the Future』（幸福の科学出版刊）参照。

てチェックするそうなんで、私も、「もしついてこられたら、（日本に）来てみたいな」とは思っているんですけどね。

綾織　なるほど。

習明沢守護霊　「今の日本なら手は出さない」と思ってはいるんですけどね。

## 「自由」と「民主主義」の意味を分かっているのか

綾織　そのへんに関してはウォッチしたいと思いますけれども、おそらく、今年から来年にかけて、香港、台湾のところについては、ご自身が思われているような方向には行かないだろうと思いますので、ぜひ、ご自身に見えていないところは何なのかを考えてほしいと思います。

習明沢守護霊　いや、もうちょっと簡単に言ったらどうですか。アグネス・チョウさんとか、（ジョシュア・）ウォンさんとか、あんな人たちに、「君たち、もう諦《あきら》めなさい」って一言《ひとこと》言ってくれれば、簡単に収まっちゃう。

綾織　仮に、彼らが収容されることがあったとしても、次々と人材が出てきます。それが「自由」であり、「民主主義」の意味だと思います。そのへんが、おそらく分かっていらっしゃらないところなのかなと思います。

習明沢守護霊　でも、アメリカの民主主義といっても、いちおう、アメリカにもね、エスタブリッシュメント（支配階級）はあるんですよ。

綾織　そうですね。

習明沢守護霊　だから、ハーバードなんかに行くには、やっぱり、名家の子供でないと、そんなに簡単には行けない。外国から来るのでも、私たちみたいな、ある程度、身分がある人の子弟《してい》が来ているわね。日本だったら、官僚《かんりょう》や政治家の子供とか、そんなのは来やすい。

そういう意味では、ハーバードだって、別に、公明正大な民主主義的運営なんか、全然していませんから。

綾織　トランプさんのように成功者が大統領になるなど、いろいろな道筋《みちすじ》があります。

習明沢守護霊　アメリカにも〝コネ筋〟はあるんでね。

綾織　まあ、そういうところもあります。

習明沢守護霊　そのコネクションを辿《たど》っていくやり方には、共産党の派閥《はばつ》みたいなものと変わらないものもあるんだということですね。全部、一元管理をしているように見えても、共産党のなかにだって、やっぱり派閥はいっぱいあるので、民主主義とは違《ちが》うけど、そのなかでの競争はあるんだということは、いちおう知っていてください。

ただ、大川さんが言っているような「（複数）政党制」も、可能性として、ないわけではないので、考えていることはいる。

## 11　習明沢氏の「本質」が見えてきた

### いちばん怖《こわ》いのは「中国発の大不況《だいふきょう》」が起きること

習明沢守護霊　いちばん怖《こわ》いのは、経済学的な知識が足りなくて、「一帯一路《いったいいちろ》」を中心に何か大きな経済破綻《はたん》が起き、「中国発の大不況《だいふきょう》」なんかを起こしちゃうことですね。その場合には信用が失われるので、全体が〝絵に描《か》いた餅《もち》〟になる可能性があることはあります。

綾織　はい。

習明沢守護霊　とりあえず、（経済成長率において）〝一パーセント経済〟の日本には、何も言われることはないですわ、今んところ。

綾織　それは甘《あま》んじて受けたいと思います。

習明沢守護霊　「（経済成長率を）六パーセント以上にしてから言ってください」というところですね。

綾織　ぜひ、幸福の科学の分析《ぶんせき》を……。

習明沢守護霊　もう、してます、してます、してます。やってます。

綾織　はい。ぜひ、吸収していただきたいと思います。

習明沢守護霊　やってますけど、ちょっと、まだ分からない。

「父親の代弁ができて、よかった」

綾織　ご自身の傾向性《けいこう》も何となく分かりましたし、夢らしきものも分かりましたので……。

習明沢守護霊　何となく？　どう？　どう？　ヒラリーさんはもう年を取っているからあれだけど、トランプさんの娘《むすめ》と（比べて）、どんな感じ？

綾織　うーん。そうですね、イヴァンカさんの国家ビジョンのようなものは聞いたことがありませんので、それからすると……。

習明沢守護霊　でも、大統領について、やっていますからね。

綾織　「明確に、十年後、二十年後を考えていらっしゃる」ということは分かります。

習明沢守護霊　彼女よりは国家戦略そのものにかかわっている。

綾織　はい。

藤井　「お父さんの習近平《しゅうきんぺい》氏よりも壮大《そうだい》な構想をお持ちなのかな」と感じました。

習明沢守護霊　そういう〝ほめ言葉〟には乗せられないけどね。

女性ですので、そんなに簡単にはいきません。年寄りの男性がたくさんいるので、そんなに簡単にはいかないとは思っていますけれども、（あなたたちが）私を有名にしてくださるんでしたら、ありがたいことだと思います。

私自身は、別に何も敵意を持っていませんが、「（習近平主席の）娘を無理やり拉致《らち》して、日本に召喚《しょうかん》した」みたいに見えたら、中国のほうがどう思うか、それについては私にもよくは分かりません。

私個人は、別に何ら敵意を感じてはいないので、「父親の代弁ができて、よかった」と思います。あまりにも下手《へた》すぎて、ワンパターンに攻《せ》めるから、「あれはよくないなあ」と、ちょっと思ってはいたんで。

綾織　ありがとうございます。世界にとっても非常に貴重なインタビューになったと思います。

## 「大川隆法氏は、もうちょっとカリスマ性を出せばいい」

習明沢守護霊　日本の女性の代議士は、いかがですか。できますか、日本では女性は。

綾織　日本の女性の代議士？

習明沢守護霊　大統領……、大統領じゃない、首相ができそうな人はいますか。

綾織　私たちは釈《しゃく》（量子《りょうこ》）党首を考えています。

習明沢守護霊　ああ、それだと、だいぶ時間がかかるわね。

綾織　いや、それを何とか……。

習明沢守護霊　それは大変でしょう。

綾織　努力していきたいと思います。

習明沢守護霊　いちおう、報道をいろいろ分析はしておるけど、こちらから見て、（幸福の科学が）宗教として、なんで、もうひとつ広がらないか、よく分からないところがある。

綾織　あっ、そうですか。

習明沢守護霊　大川隆法氏は、もうちょっとカリスマ性を出せばいいのに、弟子《でし》の面倒見《めんどうみ》がよすぎるんじゃないですかね。もうちょっと弟子を厳しく〝粛清《しゅくせい》〟していく姿勢を出せば、もっと力が出てくるのじゃないですかね。

綾織　もともと、そういう傾向性はありませんので（苦笑）、そうはならないと思います。

習明沢守護霊　うーん。もうちょっと力があってもいいんだけど、何か、もうちょっとのところで、行っていないような感じがするんです。生意気《なまいき》な言い方かもしれません。これから、おたく様も変わられるのかもしれないので。

綾織　はい。ありがとうございます。

本日は非常に貴重な機会を頂きまして、ありがとうございます。

習明沢守護霊　あとは、後継者《こうけいしゃ》である娘さん（大川咲也加《さやか》）も、何か考えているようなことも……。

綾織　あなたと横並びにしないでもらいたいんですけどね。

習明沢守護霊　いちおう戦力分析をしなきゃいけないなと思うけど、戦力分析をするには、まだ、ちょっと情報が足りなすぎるので。

習明沢氏は、本質的には習近平《しゅうきんぺい》氏と変わらない?

綾織　ある意味で、中国の未来が見えてくるところがありました。ありがとうございます。

習明沢守護霊　いや、私たちの記憶《きおく》には、まだ、「強い強い日本」も、あることはあるんでね、日本を舐《な》めているわけじゃないんですよ。
昔の日本は、「日本兵一人で中国軍十人に、あるいは百人に相当する」と言われていた。そういう時代が、ちょっと前なんで。だから、日本の強さは知っているし、欧米《おうべい》と戦って勝ったことがあるのも、日本ぐらいしかないんでね。
だから、いやあ、潜在力《せんざいりょく》には、いちおう敬意を表《ひょう》しているので、なんで日本の調子が悪いのか、私たちにもよく分からないんですけどね。

父の足りないところは娘のほうで補《おぎな》いますので、「ウィン・ウィン」(win-win)で、なるべく行こうじゃないですか。

綾織　ウィン・ウィン(笑)。

習明沢守護霊　香港《ホンコン》の活動家と付き合っても、そんなにいいことは何もないんですよ。幸福の科学の支部が破壊《はかい》されるぐらいのことですから。

綾織　一方で、(中国)共産党が追い詰《つ》められている部分もありますので、しっかり足元を見られたほうがいいと思います。

習明沢守護霊　ウイグルだって、そんなに味方したって、ウイグルの人たちは幸福の科学の信者にならないですよ。イスラム教は死刑《しけい》ですから、転向すりゃあ。だからね、よく先の見通しを考えて、やってくださいね。

綾織　（習明沢氏に関して）「本質的には習近平《しゅうきんぺい》主席とそれほど変わらないのではないか」ということも理解しました。

習明沢守護霊　私も、いちおうね、人間としての幸福を考えてはおりますので。でも、もう重圧はありますよ。十四億の重圧は、やっぱりかかっていますよ。

綾織　「ぜひ頑張《がんば》ってください」とは言えないんですけれども、いろいろな学びを深めていただきたいと思います。

習明沢守護霊　おたくの政党も、もうちょっと成長しないと、残念だけど、（中国が複数）政党制に移行したくなくなる理由にもなりそうな気がしますので。

綾織　それについては、言われなくても、私たちは……。

習明沢守護霊　共産党に負けてるんでしょ、日本共産党に。中国から〝絶縁《ぜつえん》〟されている日本共産党に敵《かな》わないんでしょ？　おかしいですよ。あなたがたの「言論力」や「組織力」が共産党に及《およ》ばないんでしょう？　おかしいですよ。勝たなくちゃいけないわね。日本共産党に勝ったら、もうちょっと言うことをきいてもいい。

綾織　地域によっては、そういうところもありますので、それを広げていきたいと思います。

習明沢守護霊　フフッ（笑）。できるだけ頑張ってください。

綾織　ありがとうございました。

## 12　守護霊霊言《れいげん》を終えて――未来恐《おそ》るべし

大川隆法　（手を二回叩《たた》く）……というふうな方でした。

女性特有の柔《やわ》らかい面もありますが、確かに、認識力については、かなり幅広《はばひろ》い感じを受けましたので、「個人的な目」と「全体的な目」の両方を持っていらっしゃる方のようではあります。

この人が中国政界で生き残れるタイプなのかどうか、まだ私にもよくは分かりません。父親がいる間はいけるでしょうが、その後は、並《な》み居《い》る男性幹部のなかで、やれていくのかどうか、ちょっと分かりません。

四人組の江青《こうせい》のように粛清《しゅくせい》されることになるのかもしれませんし、この人の未

●四人組　中国文化大革命を扇動し、反対派を弾圧した、江青《こうせい》・王洪文《おうこうぶん》・張《ちょう》春橋《しゅんきょう》・姚文元《ようぶんげん》のこと。毛沢東《もうたくとう》の死後に失脚し、死刑や懲役《ちょうえき》の判決を受けた。

来自体は、まだ分からないです。

ただ、香港《ホンコン》の活動家だけではなくて、こちらのほうについても、若い人たちの動きを見ておかなければいけないと思いました。

「ある意味で、日本よりも中国のほうが進んでいる」という認識を持っているようなのですが、日本のほうが疎《うと》い場合もあるので、よく考えておきましょう。

なるほど、「キャッシュレスの電子決済」は、一人を〝日干《ひぼ》し〟にして動けなくする戦略でもあって、「血を流さずして人を拘束《こうそく》できる制度」でもあるわけですね。このことは知っておいたほうがいいですね。

「そうだろう」とは思っていましたけれども、やっぱり、そう思っていましたか。どこであっても、お金が使えなくなるんですね、これは。

綾織　日本もその方向に向かわんとしていますので、本当に怖《こわ》いです。

●江青（1914～1991）　中国の政治家。毛沢東《もうたくとう》夫人。初めは女優として活躍していたが、後《のち》に中国共産党へ入党。1939年に毛沢東と結婚し、文化大革命を扇動したが、毛沢東の死後、逮捕された。

大川隆法　まねをしようとしていますからね。日本は、（キャッシュレス決済の比率が）まだ二十パーセントぐらいですかね。中国は、おそらく六十パーセント台だと思うのですが、まだ全部がカードを持っている人たちではありません。「未来恐《おそ》るべし」ですね。考えていかないといけません。

参考になりました。ありがとうございました。

質問者一同　ありがとうございます。

「霊言現象《れいげん》」とは、あの世の霊存在の言葉を語り下ろす現象のことをいう。これは高度な悟《さと》りを開いた者に特有のものであり、「霊媒現象《れいばい》」(トランス状態になって意識を失い、霊が一方的にしゃべる現象)とは異なる。外国人霊の霊言の場合には、霊言現象を行う者の言語中枢《ちゅうすう》から、必要な言葉を選び出し、日本語で語ることも可能である。

なお、「霊言」は、あくまでも霊人《れいじん》の意見であり、幸福の科学グループとしての見解と矛盾《むじゅん》する内容を含《ふく》む場合がある点、付記しておきたい。

# 第2章　毛沢東《もうたくとう》の後継者《こうけいしゃ》・華国鋒《かこくほう》の霊言《れいげん》

二〇一九年九月十七日　収録
幸福の科学　特別説法堂《せっぽうどう》にて

華国鋒《かこくほう》（一九二一～二〇〇八）

中国の政治家。山西省出身。一九三八年、抗日遊撃隊《こうにちゆうげきたい》に参加、中国共産党に入党。毛沢東《もうたくとう》に評価されて地位を高め、七六年、周恩来《しゅうおんらい》の死去により、党第一副主席兼《けん》首相に就任。さらに同年十月に毛沢東が死去すると、「四人組」を逮捕《たいほ》し、文化大革命を事実上終結させる。その直後、党主席、中央軍事委員会主席に任命され、中国の最高ポストに就《つ》いた。しかし、鄧小平《とうしょうへい》との権力争いに負け、八〇年に首相を辞任、八一年には党主席と中央軍事委員会主席から退《しりぞ》いた。

質問者

大川紫央《おおかわしお》（幸福の科学総裁補佐《ほさ》）

［役職は収録時点のもの］

## 1 毛沢東《もうたくとう》死後の中国の最高指導者の霊《れい》が来た理由

### 「中国が大変になっている。香港《ホンコン》(の支援《しえん》)をやめよ」

華国鋒　華国鋒《かこくほう》。

大川紫央　華国鋒？　(約五秒間の沈黙《ちんもく》)中国……。

華国鋒　党主席。

日本を訪問し、記者会見する華国鋒・中国共産党主席兼首相(1980年5月29日、東京都千代田区)。

大川紫央　一九二一年から二〇〇八年まで生きられた、毛沢東《もうたくとう》死後の中国の最高指導者ですね。

あなたは、どうして来たんですか?

華国鋒　中国が大変になっているから。

大川紫央　大川(隆法)先生のことは知っていますか。

華国鋒　知ってるから来たんでしょ。

大川紫央　何を言いに来たのですか。

華国鋒　香港《ホンコン》（の支援《しえん》）を、もうやめなさい。

大川紫央　危ない？

華国鋒　手を引きなさい。いや、彼らも、そりゃあ人民だけどね。ただ、イギリスに占領《せんりょう》されて百五十年だからね、すぐに（中国の）国民にはなれない。

大川紫央　うーん。

華国鋒　（香港は）一パーセントの人たちかもしれないけど、残り九十九パーセントの中国メインランドの人たちと日本との友好や、貿易を良好に守るのが、日本の政府の考えだし、日本の民間企業《きぎょう》の人たちの考えだし、（日本の）国民の大部分の考えなので。
あなたがたは目立つつもりかもしれないけど、やっぱり、ちょっと過激。欧米《おうべい》は、直接関係がないから理屈《りくつ》だけで言ってくれているけど、香港や中国は、あなたがたの生活に密接に関係があるので、「敵」であるよりは、「友達」であるほうを選ぶべきです。

大川紫央　うーん。

華国鋒　香港は気の毒だけれども、「今までの既得権益《きとくけんえき》の一部は失われる」ということを言っているだけで、中国全体から見れば、貴族みたいな生活をしているところなんでね。

だから、香港の人たちは、残り九十九パーセントの中国人のことは考えてくれていないからね。自分たちのことしか考えていないから、今。まあ、運よく繁栄《はんえい》したけどね。運よくね。

## 「中国を最強にした」と習近平《しゅうきんぺい》氏を評価

大川紫央　今の習近平《しゅうきんぺい》氏の体制については、どう思いますか。

華国鋒　うーん。外交は十分とは言えないけれども、でも、中国を最強にしたというところでは評価はされていると思いますよ。

大川紫央　あなたは、今も毛沢東を信奉《しんぽう》しているんでしょうか。

華国鋒　うーん。

大川紫央　いちおう、毛沢東思想の信奉者だったと伺《うかが》っています。

華国鋒　（笑）それは党主席ですから、そりゃあ……。

大川紫央　（笑）まあ、それはそうですね。

華国鋒　そうでなきゃ、無理でしょうよ。まあ、（習近平氏は）有能だとは思いますよ。香港は生きていくことはできるんで、嫌《いや》なら脱出《だっしゅつ》すればいいんですから。香港を取って食うつもりではないんでね。あんまり騒乱《そうらん》を煽《あお》ることはよくないと思いますよ。

大川紫央　でも、今、ウイグルの連れ去られた家族とかとカナダで戦っていたり、法輪功《ほうりんこう》の人たちが続々と檻《おり》のなかへ入れられたりとか、人権は極《きわ》めて低いところはありますけれども。

華国鋒　いや、日本だって、安保《あんぽ》反対の全学連運動とかがありましたからね。それは「内政の問題」ですから。だから、そのとき、大学も荒《あ》れたし、死傷者も出たと思うけど、やっぱり、「国の方針」っていうのはあるんでね。そういう争いが起きることはあるとは思うけどね。

沖縄《おきなわ》の人や、北海道のアイヌの人や、一部、ちょっと民族的に違《ちが》っている人たちが、日本に不満を持っているとは思うけど、中央政府の支配にやっぱり入ってもらわないと困るんで。まあ、同じだと思いますよ。

## 華国鋒は、今どのような世界にいるのか

大川紫央　華国鋒さんは、今、亡《な》くなっていらっしゃいますけれども、死んだことは分かっていますか。

華国鋒　それはそうでしょうよ。

大川紫央　毛沢東さんとは、会えたりしますか。

華国鋒　うーん。いや、ちょっと、こちらではお会いしてはいないですけどね。

大川紫央　以前、●林彪《りんぴょう》さんもいらっしゃってくださいましたけど、林彪さんをご

●林彪さんも……　2019年2月11日に林彪の霊言を収録。『中国 虚像の大国―商鞅・韓非・毛沢東・林彪の霊言―』(幸福の科学出版刊)参照。

存じですか。会わないですか?

華国鋒　いや、名前は知っていますよ。そりゃあ、もちろん知っていますけどね。いやあ、私の直前までやっていた。

大川紫央　(あなたは) どんな世界にいらっしゃいますか。

華国鋒　うーん、普通《ふつう》だと思うけどね。普通だと思うんですがね。

大川紫央　「普通」というのは、どんなところですか?

華国鋒　まあ、中国の政治家が、みんなそのまま無間地獄《むけんじごく》にいるわけじゃないんで。

大川紫央　周りには誰《だれ》かいますか。

華国鋒　それは、中国のいろんな政治家とかがいっぱいいいますよ。

大川紫央　例えば？　私が知っているような人はいますか。

華国鋒　政治家っていうのは、党主席ばかりじゃありませんから、ほかの人たちもいるし。

大川紫央　この間の、●清水幾太郎《しみずいくたろう》先生（の過去世《かこぜ》）だった人……。えーと、●韓非《かんぴ》

●清水幾太郎（1907 ～ 1988）　社会学者、評論家。「60 年安保」のオピニオンリーダーの一人であったが、左翼から保守に転向し、日本の核武装を主張した。『戦後保守言論界のリーダー 清水幾太郎の新霊言』（幸福の科学出版刊）参照。

はどうですか。

華国鋒　ああ、おお……。

大川紫央　あの方は、ちょっと〝大きすぎ〟ますか。あのへんとは会わないですか？

華国鋒　うーん。私は、わりあい温厚《おんこう》な性格だったんですが。

## 華国鋒霊《れい》が霊界《れいかい》で会うことができる霊人《れいじん》とは

大川紫央　日本の政治家と、交流をあの世で図《はか》るとしたら、どんな人と会ったりしますか？

●韓非（前 280 頃〜同 233）　中国戦国時代の法家を代表する思想家。韓の使者として秦に赴くが、同学の李斯《りし》の讒言《ざんげん》により投獄され、獄中で自殺した。主著『韓非子《かんぴし》』。『中国 虚像の大国―商鞅・韓非・毛沢東・林彪の霊言―』（前掲）参照。

華国鋒　日本にはまだ存命《ぞんめい》の方も多いから、あれですけど。

大川紫央　ああ、そうか。同じ時代……。

華国鋒　田中角栄《たなかかくえい》さんとかには会ったことはあるよ。

大川紫央　なるほど。では、そのあたりの方々の霊界《れいかい》の中国版的な感じですか？

華国鋒　日本だと、鈴木善幸《すずきぜんこう》さんとか、あと、大平正芳《おおひらまさよし》さんとかも。

大川紫央　はい、はい。

華国鋒　三木武夫《みきたけお》とか。

大川紫央　途中《とちゅう》まで日本と戦ってはいたけど、いちおう、あの世に還《かえ》ったら、会おうと思えば会えるわけですね。

華国鋒　うーん、まあ、彼らはそんなに反中国ではなかったし。

大川紫央　あっ、そうか、田中角栄とかもそうでしたね。

華国鋒　うん。中国の恩人ですからね。

## 2　対米・対中で日本が「両方にいい顔」をする理由

「香港《ホンコン》は、このままだと流血《りゅうけつ》になる」

大川紫央　日中友好にいくほうがいいということですか。

華国鋒　（あなたがたは）「保守」でしょう？

大川紫央　はい。

華国鋒　あなたがたは保守なんだったら、やっぱり、功名心《こうみょうしん》にはやらないほうがいいんじゃないですか。

大川紫央　いや、私たちは別に目立ちたいわけではありません。

華国鋒　（幸福実現党党首の）釈《しゃく》（量子《りょうこ》）さんは目立ちたいように見えますよ。

大川紫央　ああ、それは活動の仕方でしょうか。

華国鋒　ほかのところは、どこもやっていないのに、（香港《ホンコン》民主化支援《しえん》のデモなどを）やりたがっているから。

大川紫央　「香港の人の助けになれないかと思ってやっている」とは思いますけ

ど。

華国鋒　いや、助けるんだったら、香港が穏《おだ》やかになったほうがいい。国際空港を封鎖《ふうさ》して、そして観光客を減らし、金融《きんゆう》業界を潰《つぶ》し、官公庁や警察も潰そうとしているから。いや、これは流血《りゅうけつ》になります、このままだとね。だから、矛《ほこ》を収めたほうがいいと思います。

## 華国鋒は、中国の「覇権《はけん》主義」をどう見ている？

大川紫央　習近平《しゅうきんぺい》さん（の守護霊《しゅごれい》）が、「一帯一路《いったいいちろ》」などで、いつも霊的《れいてき》におっしゃっているのは……、まあ、きちんと計画を持っているので、「霊的に」だけとも言えませんが、日本を中国に組み入れるということです。

彼は、そういう発想の方ではあるので、どこかでぶつかるだろうとは思います。

もちろん、中国が「人権を考えていて、自由主義、資本主義、民主主義で、信《しん》仰《こう》も持ってよい」という国ならまだ分かるのですが、そうではないばかりか、「覇権主義《はけんしゅぎ》」を持っていらっしゃるので、こちらとしては、そこはちょっと怖《こわ》いですよね。

華国鋒　やっぱり、秦《しん》の始皇帝《しこうてい》以来、「国家の統一」というのは英雄《えいゆう》の仕事ってことになってるんで。あなたがたと統治の仕方は違《ちが》う。

大川紫央　でも、「統一しさえすればよい」という思想だと、やはり、「国民が犠《ぎ》牲《せい》になっても国が成り立てばよい」という……。

華国鋒　いや、中国全体が発展してるんですよ。

大川紫央　もちろん、中国が、人が殺し合うような内戦状態になったり、戦争状態になったりするのは、できるだけ避《さ》けたいんですけれども。

ただ、今、アメリカもそうですが、他のいろいろなところにも、今日も（習明《しゅうめい》沢《たく》氏守護霊と）話し合ったように、「連邦制《れんぽう》」を取ったり、自治をしたりしつつ、ユナイテッドでまとまっている国はありますからね。

華国鋒　いやあ、いちおう、（中国も）自治を認めてることにはなってるんですが、それが、何て言うか、あんまり反政府的な行動が過激になってきたら、取り締《し》まりは厳しくなったので。

チベットだって「自治区」なんですけどね。でも、テロまがいのこともやるし、焼身自殺《しょうしん》もいっぱいするしね。それは、どうしても治安上、どうにかしなきゃいけないし。

大川紫央　でも、焼身自殺までするのは、やはり、中国が、「強制的に、その民族の言語や宗教を全部取らないと許さない」というスタンスでくるからでしょう。

そうした中国一国の安定のために、中国の国民が犠牲になるなら、致し方ないところもあるかもしれません。それは、自分で選んで生まれていますから。

ただ、中国自体が拡張欲を持っていらっしゃるので、中国の価値観を全部の国に広めようとされても迷惑《めいわく》ですよ。しかも、「昔の中国である元《げん》の時代には、このくらいまで中国の範疇《はんちゅう》にあった」とか言われても、今は、全然、そんなことはありませんからね。「昔は領土を取っていた」とか言われても、いい迷惑です。

華国鋒　いや、あれは、中国語でね、勉強して話ができて、仕事ができるようにしようとしてるだけなんで。ウイグルも同じですけどね。

大川紫央　でも、それは、おっしゃるように、中国が友好的に、ほかの国にやればよいことですよね。ところが、中国は、強制的にそれをやろうとするから、反発を食《く》らうわけですよ。

華国鋒　ウイグル人の言葉で勉強して、そこで学校を出ても、中国のほかのところに就職できないからね。だから、漢《かん》民族と同じ教育をしようとするし、あんまり暴《あば》れると、それは、鎮圧《ちんあつ》されるのはしかたないし。中国のほうは、投資もそうとしてますからね。

だから、それは、「内政干渉《かんしょう》」に当たるんじゃないですかね。

## 中国は、日本を「軍国主義」「内政干渉《かんしょう》」と非難できるのか

大川紫央　「内政干渉《かんしょう》」と言いますが、中国は、ほかの国のことは言いますよね。自分たちが言われたら、いつも、「内政干渉だ」と言うくせに、ほかの国のことは、ものすごく言うじゃないですか。例えば、（日本の首相等が）靖国《やすくに》神社に参《さん》拝《ぱい》したら言うでしょう。それは、内政干渉ですよ。

華国鋒　だけど、その靖国の方々が（日中戦争の時代に）中国全土を占領《せんりょう》してますからね。

大川紫央　でも、中国共産党ではない枠組《わくぐ》みに入ったほうが、国民全体は幸せだった可能性も高いですよ。だって、ほとんどの人たちが、上海《シャンハイ》や香港のような経

済を享受《きょうじゅ》できた可能性がありますから。

華国鋒　もし、日本軍の下《した》で七十年生きてたら、それはつらいと思いますよ。今よりつらいと思いますよ、それは。

大川紫央　でも、だから、そこで日本にも反作用が働いて、今の時代が来ていると思うんですよ。そういう意味では、中国が、もう一回、日本軍と同じことを他国にしようとしているようにも見えますよね。中国がされて嫌《いや》だったことを、今、自分たちもしようとしているから、反発を受けているのではないですか?

華国鋒　だから、日本が軍国主義化を進めて、内政干渉を強めてくるんだったら、昔の日本返りをしようとしてるってことでしょうから、やっぱり、それは、こっちも意見を言わなくちゃいけないでしょう。

大川紫央　でも、日清戦争のあたりで、もし、日本が立ち上がっていなかったら、当時の清《しん》、今の中国は、日本が来る前に、もっと早い段階で、イギリス等から〝アヘン漬《づ》け〟にされるような世界が待っていたかもしれないですよ。

華国鋒　うーん、いや、それはアヘン漬けにもうなってて……。ええ、それはね、だから、いや、香港の人たちも、イギリス人をとても憎《にく》んでたんですよ。それを今は、もう忘れてしまっているのでね。今が繁栄《はんえい》してるからね。

## 今日、幸福の科学に「念波《ねんぱ》」を送っているのは誰《だれ》？

大川紫央　今日、総裁先生に、念波《ねんぱ》がけっこう来ているんですが、メインは中国系なんですかね？　やはり、中国のほうが当会に対して、地上的にも気にし始めたからですかね？

華国鋒　昨日《きのう》、その流れで……。

大川紫央　デモをしたからですか。

華国鋒　総裁に無許可でデモしたんでしょう？　政党（幸福実現党）が勝手に。

大川紫央　はい。

華国鋒　弟子《でし》たちが勝手に暴走してるんで。それは、「中国の念波」は来るでし

●デモをしたから……　2019年9月16日、幸福実現党は有志による「香港革命 自由のために、戦うべきは今！デモ」を東京都新宿《しんじゅく》区で行った。

ょうね。

大川紫央　なるほど。弟子がデモをして、その結果、総裁先生に来る、と？

華国鋒　うん。それは来る。それは、そうでしょう。

大川紫央　なるほど。

華国鋒　まあ、来てるのは毛沢東《もうたくとう》（の霊）でしょう。

大川紫央　あっ、毛沢東、しつこいですね。

## 日本に「アメリカ 対 中国」の調整役を期待する華国鋒

華国鋒　私は、中間派ですけどね。

大川紫央　でも、あなたは、毛沢東さんの忠実な部下だったのに、「天国」と言ってよいのかどうか分かりませんが、よく還《かえ》れましたよね。あっ、でも、忠実なふりをしないと生きていられないですものね。

華国鋒　うーん、私は、どっちかというと、「調整型」なんですよ。

大川紫央　なるほど。

華国鋒　だから、そんな強く、イデオロギーを押《お》しつけるタイプじゃないんでね。習近平は、今、毛沢東を超《こ》えようとしていますからね。それは強引《ごういん》でしょう、やり方はね。ただ、目指しているのは「英雄」ですから。彼は、中国の英雄を目指してるからね。それがいいかどうかは知りませんが。アメリカとの覇権戦争に向かってはおりますから。

日本は、今の時点では、どうにもできないと思いますから。「アメリカ 対 中国」が、どういうところで〝手打ち〟するか、見るしかないんじゃないですかね。その意味では、両方にある程度、〝いい顔〟をして、付き合っていなきゃいけないんじゃないですかね。

大川紫央　やはり、日本にも、そういう「調整作用の役割」のようなものがあるということですね？

華国鋒　うん。それは、中国と良好な関係を保たなければ、日本の経済だって、もっと、これ、下《くだ》りますからね、今よりも間違いなく。

## 3　幸福の科学、幸福実現党のスタンスへのアドバイス

### 幸福実現党は「敵をつくろうとする傾向《けいこう》が出ている」

華国鋒　だから、どうなんでしょう。国際政治に関心がおありなのは分かるけれども、もうちょっと、国民の「心の教え」のほうを中心に活動なされてもいいんじゃないですかね。敵を、やたらつくろうとする傾向《けいこう》が出ているように見えるんですが。

大川紫央　まあ、「街宣《がいせん》の仕方」とか、そういったこともあるのかもしれないですけれどもね。

華国鋒　嫌《きら》われてますね。何か、好かれてるとは思えません。だから、あれ（昨日《きのう》のデモ）は、ほんとによろしいんですかね。「香港《ホンコン》デモ」みたいなのを日本でやりたそうな感じにしか見えない。

大川紫央　（苦笑）なるほどね、日本で。

華国鋒　ええ。（他の日本人は）「何に不満があるのか」っていうね。思っているような感じですよね。日本人全体は、落ち着いていますからね。

大川紫央　まあ、落ち着いているというか、他人事《ひとごと》ではあるんですよ、基本的にね。

華国鋒　いや、他の政党は、「千葉の台風（被害《ひがい》に対する支援《しえん》）」とか、「東北の復興《ふっこう》」とかね、そんなほうに関心があって。「それを、もっとやれ」って言っているし、少子高齢《こうれい》化を解決するほうに頭は向いてるけど、あなたがただけは、関係ないところを走っているから。

大川紫央　確かに、宗教政党なら、普通《ふつう》、そちらの応援に行くかもしれませんね。

華国鋒　そうですよ。

日本のことを考えていない政党に見えてしまっている幸福実現党

華国鋒　だから、ちょっと、どうなんでしょう。やっぱり、多少、そのへん？

大川紫央　うーん。

華国鋒　いやあ、本当に、それはね、こういう売名《ばいめい》政党みたいな言い方をするのは、私も不本意ではあるんですけどね。もうちょっと、みんなの暮らしがよくなるところに焦点《しょうてん》を当てて活動しておれば、政党としては成り立つ。それからあとで、外交の話とかをしてもいいんですよ。後《のち》には。

大川紫央　やはり、総裁先生はワールド・ティーチャーなので、思ったことを世界に発信されるべきだと思うのですけれども、幸福実現党の弟子《でし》のほうが、それをさらに過激に言うと、ちょっと地に足がついていない感じになってしまいますものね。

本当は、弟子がそちらを補完しなければいけないところがあります。確かに、「日本の人々の暮らしはどうなっているのか」などということを考えなければいけないところはあるのですけれども。

華国鋒　だから、今、週刊誌にも腹を立てているんだろうけど、結局、党のほうでフライングしたところの〝尻拭《しりぬぐ》い〟が、教団のほうに来てるだけのことでしょう？

大川紫央　うーん、まあ、そうですね。

華国鋒　おそらくはね。

だから、香港の人たちのほうが危険になるようなことを発信してしまって、

〝熊の友情〟をやってしまったってことでしょう？

それほど不器用《ぶきよう》なんで。その不器用なことを、もうちょっと自覚して、誰《だれ》が見ても「いい」と思うようなことをやったほうがいいんじゃないですかね。

大川紫央　今のところ、幸福実現党だけを見ると、日本のことをあまり考えていない団体には見えますものね。日本の政党なのに。

華国鋒　そうですね。だから、（霊界《れいかい》で）田中角栄《たなかかくえい》さんとお話ししたけど、「日中関係が急速に悪くなるのは、あまり望ましくないね」ということは言ってるんで。「中国がよくなったことはいいことだけど、日本も、ちょっと、お相伴《しょうばん》にあずかってよくなってもいいね」っていうような、そういう話はするんですがね。

## 「熱血は結構だが、無駄《むだ》にエネルギーを燃焼《ねんしょう》させてはいけない」

大川紫央　華国鋒さんがおっしゃることも一理あると思うので、幸福実現党も直さなければいけないところはあると思います。こちらは全然知らなくて、勝手にバンバンやって、火花を散らしているところはあるので。

ただ、日本の政治家の問題点は、やはり、「経済しか頭にない」というところです。もちろん、「経済」も大事なんですけれども、ただ、それ以上のところが行かないというところはありますよね。国を、もう一段、ちゃんとした国にしたいのであれば。

華国鋒　まあ、安倍《あべ》さんがたが、やっと、憲法改正をしようとしてるんで。あれだけの議席を取って、やっと、まだ、やれるかどうか困るぐらいのところを、

（幸福実現党は）すごく過激に言ってらっしゃるからね。
釈《しゃく》党首とか、あの江夏《えなつ》（幸福実現党幹事長 兼《けん》 選対委員長 兼 政務調査会長）とかいう人は過激派ですよね。ちょっと気をつけないと、口が軽いので。熱血は結構ですけど、無駄《むだ》にエネルギーを燃焼《ねんしょう》させてはいけないぐらいかな。

大川紫央　そうなんですよね。総裁先生は、もう少し地に足がついた言い方をして、いろいろ配慮《はいりょ》されつつ言っているのですけれども、幸福実現党は、こちらが把握《はあく》していないときにバッと行くわりに、非難を浴びたら一気にバッと下がって、「どうしたいのかな」という感じになってしまいますからね。

華国鋒　ですからね、香港の人たちの権益を守ることも本当は大事だけど、やっぱりね、火炎瓶《かえんびん》を投げたり、警察署を襲《おそ》ったり、行政長官を〝缶詰《かんづ》め〟にしてたりするようなところまで行くと、それは、軍隊を呼び込《こ》もうとしてるようにしか見えないんでね。

それは、やっぱり、指導者が若すぎて、学生がやってるから、その程度の知恵《ちえ》しかないんだろうけど、少し危険なんじゃないですかね。

大川紫央　でも、それに関しては、中国の人たちが入り込んで、学生のほうが過激なように見せようともしているんですよね。まあ、確かに過激な人もいるので、それはそうなのでしょうけれども。

華国鋒　うーん。

## 中国の覇権《はけん》主義に対して立ち上がった幸福実現党

大川紫央　ただ、今、●毛沢東《もうたくとう》のほうが「悪魔《あくま》としても最大級だ」ということは分かってきてはいますし、ダークサイドの力を引いて、それを世界にばら撒《ま》こうとしているところもあるので、そこについては、やはり、地球神として言うべきことは言わないといけないところはありますよね。

華国鋒　ただ、中国十四億の国民はね、まあ、海外にも出ているけど、愛国心を持ってる人もいるんで。それで、反日でもあるし、反米でもあるのかもしれないけども、中華《ちゅうか》の伝統を守りたいし、繁栄《はんえい》を求めてもいますからね。なるべく共存

●毛沢東のほうが「悪魔としても最大級だ」……　『毛沢東の霊言』（幸福の科学出版刊）参照。

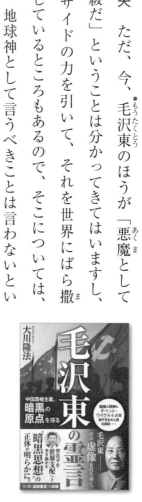

できたほうがよいとは思いますけどね。

大川紫央　おそらく、教団というか、幸福実現党としての活動の仕方と、意見発信の仕方だと思うんですよね。

華国鋒　うーん。まあ……、ですから、尻馬《しりうま》に乗って、何かやってるようにしか見えないんですけどね。「火付盗賊改方《ひつけとうぞくあらためかた》」に「御用《ごよう》」をかけられるような動き方をしてるように見えるんですが。

やっぱり、ほどほどのところで抑《おさ》えないと。日本のほうも、国家としても、まだ、中国との友好関係を維持《いじ》しようと思ってるわけで。

もとは、もっと仲が悪かったんですから。それが、（中国が）大国になってきて、やや穏《おだ》やかになったところもあるし、アメリカという敵が、今、現れてきて

●火付盗賊改方　江戸幕府の役職のこと。江戸の市中を巡回して、当時、重大な犯罪とされていた「放火」や「盗賊」などの取り締まりを行っていた。

るから、日本との関係は大事にしたいと思ってるところもあるから。あんまり、朝鮮《ちょうせん》半島や中国情勢を悪化させるのはどうかなって、私は思うんですがね。ほかにすることはないんですかね。「身体障害者の人たちを何とかしよう」みたいなほうが政党になったりするんでしょ？

大川紫央　でも、中国が確実に今のままの覇権《はけん》主義を進めるなら、フィリピンなどあちらのほうも、中国に対して殺気立ってはいますからね。中国人は、確実に、有無《うむ》を言わさず、強制的にやってくる人たちですし、国際法も通じません。日本にもその足が忍《しの》び寄るということは間違《まちが》いないから、幸福実現党は、その国防のために立った政党でもあります。

華国鋒　それは、日本も、巡視船《じゅんしせん》をフィリピンに貸与《たいよ》したりしてるからね。

## 日本の政治家のような華国鋒

大川紫央　華国鋒さんは、すごく日本の政治家っぽい感じですけれども。

華国鋒　うーん。

大川紫央　過去世《かこぜ》では、日本にも生まれたのでしょうか。

華国鋒　うーん……。

大川紫央　何か、日本の政治家の人のようです。よく、その感じで大国をまとめられましたね。

華国鋒　私の時代は、まだ日本のほうが（中国より）大きかったですから、あれだったですが……。

中国が日本経済を抜《ぬ》いて慢心《まんしん》しているのなら、そっちも少し改めなくてはいけないとは思いますけどね。

## 元《げん》の時代に「中国のものだった」と言っても今は通じない

華国鋒　（中国には）私も、「人権の問題」は確かにあるとは思うんですが、急速に成長したので、「西洋化すべきだ」という意見が入ってきているんだと思うんですよ。西洋化の文脈でなければ、それは言えないので。

「人権」って言うんだったら、それは、ネパールだって、インドだって、まだ、人権は問題ありますよ。インドだって、カースト制があるしね。

大川紫央　でも、たぶん、華国鋒さんが思っているより、もっと、習近平《しゅうきんぺい》氏は虎視眈々《こしたんたん》と世界へ行こうとは思っていますよね。もう、計画で「日本はなくなる」と言ってしまっていますから。

華国鋒　ええ。それは、ヨーロッパまで行ってますからね、もうすでに。

大川紫央　でも、「元《げん》の時代には中国のものだった」などと言われても、今は通じませんよ。

華国鋒　うーん。私は〝平和の使者〟なんで、意見を言うだけなので。

## 習近平《しゅうきんぺい》氏の管轄《かんかつ》下で、今の香港《ホンコン》のような繁栄《はんえい》を目指せるのか

大川紫央　でも、確かに、弟子《でし》の活動のところで、地に足がつかないで、多少、変な災《わざわ》いを教団や日本自体に及《およ》ぼすようにはなってもいけませんけれどもね。

華国鋒　もうちょっと〝頭のいい人〟を、上に置かないといけないんじゃないですかね。

何か、〝パチンコの玉〟みたいだ。今さらながら、「テレビで報道されたから、香港《ホンコン》デモに便乗して日本でやる」みたいなのは、ちょっとね。日本が静かであるっていうことは、中国にとってはありがたいことなので。親切の〝押《お》し売り〟をしすぎているんじゃないかな。

いや、香港は世界第三位の金融《きんゆう》都市なので。これで、東京が盛り返すんですか

ら、どうせ。

大川紫央　でも、習近平《しゅうきんぺい》氏が本格的に参入したら、もしかしたら、香港が金融都市といっても、今の繁栄《はんえい》は続かない可能性もあります。やはり、自由が多少束縛《そくばく》されていくとは思いますので。

華国鋒　（香港の人口は）七百万ですからね、そうは言っても。

大川紫央　でも、人口約七百万人で、世界第三位の金融都市なんですよね。その威力《いりょく》はあるんですよね。すごさというか。

華国鋒　いや、あれは、深圳《しんせん》のほうに移そうとしているんでしょうから。（習近平氏が）自分の管轄《かんかつ》下のほうにね。

大川紫央　ただ、習近平氏の管轄下で、今の香港のような繁栄が目指せるのであれば、すでに出始めていなければおかしいと思うんですが。

## 中国は「一帯一路《いったいいちろ》」でアヘン戦争の恨《うら》みを晴らそうとしている？

華国鋒　いや、われわれとしては、それは、香港割譲《かつじょう》も、ちゃんとアヘン戦争等の結果ですのでね。だから、「アヘンを売りつけて領土を奪《うば》った」っていうイギリスのやり方をね、今、「一帯一路《いったいいちろ》」で、逆をやっているんだと思いますけどね。

大川紫央　そうですね。先ほど言ったように、自分たちがされて嫌《いや》だったことを、おそらく、今、そっくりそのまま他国にやろうとしていて……。

華国鋒　いや、今、「カルマの刈《か》り取り」をやろうとしているんだと思う。

大川紫央　「その恨《うら》み」ということですね。ただ、その前の元の時代では、おそらく、自分たちのほうがやっている側ですから。

華国鋒　まあ、そういうこともあるけれど。ヨーロッパとかの債務超過《さいむちょうか》に陥《おちい》った国を、中国がパトロンになって救済したりすると、すごい気持ちがいいらしいですよ。胸がすくらしい。

日本は経済成長しなければ、残念ながら、力がどんどんどんどん落ちていくことになっているからね、やっぱり……。

## 習近平《しゅうきんぺい》氏は「千年に一回しか出てこない英雄《えいゆう》」!?

大川紫央　でも、そう考えると、習近平《しゅうきんぺい》氏など、そういうことで胸がすく人というのは、ある意味、過去世の記憶《きおく》をけっこう根深く持っているということですよね?

華国鋒　でも、ああいう人は、千年に一回しか出てこないですから。

大川紫央　あ!　そういう魂《たましい》なんですか!?

華国鋒　はい。そのくらいの英雄ですよ。

大川紫央　あの人は、どういう世界から来たんですか。

華国鋒　いやあ、それは、あなたがたの〝エベレスト〟とは違うんでしょうけども。〝別のエベレスト〟でしょうね。

それは、「唐《とう》」より大きかった世界帝国《ていこく》は「元《げん》」しかないので。

大川紫央　でも、言わせてもらうと、元は、今は、中国ではなく「モンゴル」ですからね。

華国鋒　ええ、そうですよ。

大川紫央　「なぜ、そんなに『中国、中国』って言うんだろう。モンゴルじゃないか」とずっと思っていましたけど。

華国鋒　だから、そう言えば、モンゴルを支配しても構わないんでしょう?

大川紫央　そうか。いやいや、おかしい。やはり、現代は現代なので。

幸福の科学は「宗教としての本道を極《きわ》めればいい」

華国鋒　まあ、あなたは中国語を勉強したんだから、何とかパンダに会えるように、もうちょっと四川《しせん》省ツアーをしないとね。

大川紫央　いちおうね、パンダも〝外交官〟を目指しているんですけどね。やはり、中国の人たちも「神の子、仏の子」ですから、別に、習近平氏なども、統治がうまく、みんなが幸せを享受《きょうじゅ》できるのなら、それでいいと思っています。でも、習近平氏の考えに、まだ侵略《しんりゃく》的なところがあるのは、やはり、いかがなものかなとも思います。

華国鋒　心の教えとしてね、仏教を〝逆輸入〟するっていうのはあってもいいとは思うんですがね。

大川紫央　文化としてですよね？

華国鋒　だけど、政治のほうが先に立ってくると、やっぱり、それはいちおう警《けい》戒《かい》するわね。

これは、幸福の科学自体のほうに問題があるかもしれないが。もうちょっと、宗教としての本道を極《きわ》めればいいと思うんですけどね。
政治のほうは、あまり成功してないようで。国内で成功しないで海外で成功しようとしても、そんなにうまくはいかないですよね。

大川紫央　でも、総裁先生は、ずっと、個人の幸福、心の幸福ばかりを説いているわけにはいかないから、地球ユートピア化を目指すのであれば、やはり、「国の統治のあり方として、どうあるべきか」という教えは遺《のこ》さなければいけませんので。

華国鋒　まあ、いいですけど。結果がよければいいですけどね。

大川紫央　でも、活動の仕方など、そのあたりのことは、やはり極端《きょくたん》化しすぎるところがあるかもしれないので、確かに、もう少し頭を使って考えてもよいかもしれません。

華国鋒　気をつけないと、「日本が助けてやるから」と言って、台湾《たいわん》とか香港がその気になって元気づいちゃって、そして、ものすごい大惨事《だいさんじ》に巻き込まれることもあるわけですからね。

大川紫央　で、日本のほうは、「実は、何の軍備もできていなかった」ということですよね？

華国鋒　うん。「実は、できてなかった」っていう。実際は、できてないんじゃないですか、本当に。日本は、竹島《たけしま》さえ取れないし。

大川紫央　取り返そうともしていないですからね。

華国鋒　尖閣《せんかく》さえ防衛できるかどうかも、実際上、分からないんでしょう? なのに、「香港だ、台湾だ」って言うのは、ちょっと過ぎてるんですよね、現実にはね。

もちろん、「琉球《りゅうきゅう》は中国のものだ」という言い方に対するカウンターとしては、そっちは言ってもいいのかもしれませんがね。

首相の力の足りないところを補《おぎな》ってるようなつもりでいるところが、国内的には反発されてるところもあるんじゃないですかね。

大川紫央　生意気《なまいき》にも見えるでしょうしね、言い方が。

華国鋒　そうでしょうね。

大川紫央　総裁先生が言うのはいいと思うのですけれども、弟子が言う場合、反発はされると思います、言い方を気をつけないと。

## 4 「過激すぎず、宗教を中心に……」

他の国の統治の仕組みについての言及《げんきゅう》は、慎重《しんちょう》に考える必要がある

華国鋒　だから、いちおう、民主主義を建前にするんだったらね、やっぱり、「票が入っている党の考え方を国民は支持している」ということになりますからね。

大川紫央　でも、その発想で行くと、もう何もできなくはなるので。
ただ、「一理ある」とは思うので、幸福実現党の方など、主要な方には（本霊《れい》言《げん》を）聴《き》いていただいて、参考にさせていただきます。学びの機会とさせていただ

だきます。

華国鋒　あれだけ自民党がみんな沈黙《ちんもく》してるんでしょう?　中国との貿易がなくなるような事態っていうのは、かなりよくないことだし、敵対したら、北朝鮮《きたちょうせん》じゃない、中国の核《かく》ミサイルに対応しなきゃいけなくなるんですから。

「そこまで軍国主義化したいのか」という問題になるから。「それが本当に防衛なのか」という問題が出てきますからね。

大川紫央　では、霊的に、習近平《しゅうきんぺい》さんのほうにも行かれて、もう少し〝マイルド〟になるように指導できないでしょうか。インスピレーションを与《あた》えるとか……。

華国鋒　まあ、千年に一人の英雄《えいゆう》ですからね。

大川紫央　いえ、別に、他国にとっては英雄ではないから。

華国鋒　自国にとっては英雄だよ。

大川紫央　そうそう、自国の英雄でしょう?

華国鋒　人口三、四億人で、日本軍にボロボロにされ、その前は、ヨーロッパにボロボロにされた中国を、ここまでの強国にしたっていうのは、そうとう自信はある。

大川紫央　自信はあるのでしょうけれども、その結果、何百万の人が虐殺《ぎゃくさつ》されるとか、その権力者が統治するために、たくさんの人が犠牲《ぎせい》になりすぎるとかいうシステムは、やはり、全体に見て、よろしくはないですよ。だって、それは、人間の価値がものすごく下がっているということですからね。

華国鋒　いやあ、それはね、あんたがたと一緒《いっしょ》でね、「漢《かん》民族は恩を押《お》し売りしてる」と、向こう（ウイグル等）は見てるわけでね。中国語をしゃべれないウイグル人に、中国語を教えてやってね、そして、中国の職業に就《つ》けるようにしてやろうとしてるやつを、「洗脳だ、収容所だ」って言ってるからね。

大川紫央　なるほど。「もっと高等なことを教えてやろう」というように。確かに、チベットなどもそうなのでしょうね。中国からは原始民族に見えると……。

華国鋒　ほかのところでも働けるように。チベットは、もう、極貧国《ごくひんこく》ですよ。迷信《めいしん》みたいな、ダライ・ラマの転生輪廻《てんしょうりんね》？「死んだら、すぐ生まれ変わる」みたいなので、子供を探してきて、（転生を）当てていってる。「こういう、非近代的な統治システムを、いつまで採《と》るんだ」っていう。

大川紫央　霊言でも、中国と日本の霊人《れいじん》で、お互《たが》いに、よく言い合っていますけれども。

「日本の教育を受けて、すごくよかっただろう？　その統治はよかっただろう？　だから、日本はよいことをした」と言うけれども、現地の人にとっては、教育水準を上げてもらったりしても、今のチベットの人たちのような心情は残っているということですよね？

華国鋒　韓国《かんこく》だってね、国は取られるわ、女は取られるわでね、今、言ってるわけですから。

まあ、そりゃあ、お互いあるけど、とりあえず、自分の国を超《こ》えて、他国を侵《しん》略《りゃく》した者はね……。

大川紫央　今度は、「カルマの刈《か》り取り」があって。

華国鋒　多少ね。多少……、国内はね、統治してる外国の内政方針についてまで言えるかどうかは、少し慎重《しんちょう》に考える必要はあるんじゃないですかね。

余計《よけい》なことかもしれませんが。

大川紫央　いえいえ。おそらく、幸福の科学のことも考えて、来てくださっているところもあるとは思うので。

「幸福実現党は過激に反応しすぎず、政治の勉強をしたほうが」

華国鋒　いちおう、角栄《かくえい》さんとかね、三木《みき》さんとか、大平《おおひら》さんとかも、みんな、何とか中国経済をよくしてね、日本と友好にしようとしてくれたからね。

大川紫央　ただ、その方たちが頑張《がんば》ったおかげで、おそらく、それも善意でやったのでしょうけれども、経済力がついた結果、向こうは（日本に）ミサイルを向けてはいますけれどもね。

華国鋒　うーん。

大川紫央　ですから、「その人たちの発想が、すべてよかったか」といえば、そうではない面もあるとは思います。やはり、戦後、日本を経済だけに走らせて、やった部分はあるので。

華国鋒　だいたい、憲法を変えさせないのは、日本国民の力でもあるからね。

大川紫央　でも、「洗脳教育」はありますからね、日本にも。だって、学校でそう教わるから。

華国鋒　うーん、国民は、やっぱり、そちらのほうを選んでるわけで。どちらかといえば、非武装のほうを選んでるので。

大川紫央　今、トランプ大統領がいるから、まだ北朝鮮もあの状態ですけれども、もし、トランプさんではなくて、ヒラリーさんとかになっていたとしたら、北朝鮮に関しては、もっと、どうなっているか分からなかったでしょうしね。

華国鋒　うーん。トランプさん的交渉《こうしょう》はしない可能性があるんで。

大川紫央　しないと思います。

華国鋒　いや、ヒラリーさんのほうが、むしろ、攻撃《こうげき》してた可能性は高いですね。

大川紫央　あっ、そうですか？　なるほど。

華国鋒　北朝鮮を攻撃してるでしょうね。

大川紫央　そうですか。

華国鋒　トランプさんはディール（取引）しようとしたから。

大川紫央　ああ。

華国鋒　トランプさんも今、戦線を拡大しすぎて、ちょっと困ってる関係で、外交は少し混乱してきてると思いますね。

大川紫央　うーん、確かに。

華国鋒　破壊屋《はかいや》に見えているから。あっちも、こっちも。

大川紫央　それで、今、ちょっと、それを退《ひ》こうとしてますからね、ボルトン（大統領補佐官《ほさかん》）を更迭《こうてつ》して。選挙もあるし。

華国鋒　うーん。日本は日本の、その、のんびりと対応していく対応も、一つの〝大人のやり方〟ですから。あんまり過激に反応しすぎないことも大事なんじゃないですかね。と、私は思いますがね。うーん。

大川紫央　幸福の科学グループのなかでは、どちらかといえば国際本部等のほうの意見に近いかもしれませんね。あまり紛争《ふんそう》のようなことになると困ってしまいます。

華国鋒　実際に現地の会員は困っているんじゃないですか。

大川紫央　直近でお話しししていないので、ちょっと分かりませんけれども。

華国鋒　まあ、いろんな意見があるんで。

中国のほうへ、今、あなたがたの過激な行動もだいぶ知られつつあるので。うーん、少し気をつけたほうがいいかなと思う。と、私は思っているんですけどね。

大川紫央　はい。

華国鋒　歴代の日本の首相たちも、「いやあ、せっかく日中国交をやったんだから、少しね、平和を大事にしないと」って。

昨日だって、ソロモン諸島が台湾《たいわん》との国交を断絶して、中国との国交を結んだりして、台湾はどんどん〝友達が減ってる〟からね。

大川紫央　でも、日本の歴代首相が認識力が低かったために、今、ツケが来ている面もありますからね。●吉田茂《よしだしげる》氏は地獄《じごく》ですし。

華国鋒　うーん。まあ、そういうこともありますが。

●吉田茂氏は……　『吉田茂元首相の霊言』（幸福の科学出版刊）参照。

大川紫央　ただ、こちらとしても考えるべきことはあると思うので。

華国鋒　迷わせただけならすみませんが。

大川紫央　いえいえいえ。確かに、活動の仕方や言葉の使い方については、もう少し考えないと、総裁先生と乖離《かいり》しても困りますし。

華国鋒　すでに在日中国人たちが来て、（幸福実現党の）反対のデモ潰《つぶ》しをやっているんだったら、少し考えないと。

大川紫央　うーん。

華国鋒　参院選の腹いせでやってるようにしか見えてないので。少しトーンダウンしといたほうがいいんじゃないですかね。

大川紫央　まあ、そうですね……。千葉の台風被害《ひがい》への対策についても、取り立てて幸福実現党としての支援《しえん》などはやってはいないようですし。

華国鋒　ええ、国内もできてないしね？

大川紫央　うーん。そのへんの心配《こころくば》りというのも必要ではありますよね。

華国鋒　うん、少しね、〝いい格好しい〟ですよね。そして、〝泥臭《どろくさ》い〟ことはしない。自民党のほうが、むしろやってるんでね。

大川紫央　そうですね。かっこよくいきたいというか、ちょっと、明治維新《いしん》のようなものを考えすぎなのかな。確かに、泥臭い仕事は自民党のほうがまだやっていますよね。

華国鋒　そうでしょう。

大川紫央　そういうものを、もっとやらないといけないところはありますね。政治家も、公僕《こうぼく》のようなものですからね。

華国鋒　地方議員は（議席を）少しは取れてるから、そのへんから政治の勉強をしていったほうがいいかもしれませんね。うーん。

## 華国鋒は過去世《かこぜ》で日本人として転生《てんしょう》したことがある

大川紫央　華国鋒さんは日本に生まれたことがあるんですか。

華国鋒　あるかもしれませんね。

大川紫央　もしかしたら、過去世《かこぜ》は日本人ばかりですか。

華国鋒　うーん。

大川紫央　具体的に、生まれた時代などはありますか。たぶん、「日本人として生まれたこともある」と言ったほうが、みんな、華国鋒さんの意見を聞きやすい心境になるかもしれません。

華国鋒　まあ、私は「平家《へいけ》」のほうですから。

大川紫央　平家ですか。名前が遺《のこ》っている人でしょうか。

華国鋒　（ため息）平家の時代は短かったんでね。

大川紫央　そんな温和な感じなのに、平家だったんですね。

華国鋒　うーん。

大川紫央　清盛《きよもり》の周りにいたんですか。

華国鋒　うーん、平家だらけだったんですがね。ああ、そうか、自分のカルマもあるのか。

大川紫央　ああ、なるほど。それで今、〝頼朝《よりとも》〟●がやっているわけですね。

華国鋒　滅《ほろ》ぼされたくないのかなあ。

「政治もあっていいが、宗教のほうを中心にしたほうが安全」

大川紫央　今の話については、たぶん、日本の歴代首相と華国鋒さんはみな、そ

●〝頼朝〟がやっている……　幸福の科学の以前の霊査《れいさ》で、幸福実現党の釈量子《しゃくりょうこ》党首の過去世の一つは、源頼朝《みなもとのよりとも》であると推定されている。『釈量子の守護霊霊言』（幸福実現党刊）参照。

ういう感じがあるのはそのとおりでしょう。

おそらく今、日本では、全体的に、当会に対して思っていることはそんな感じだと思いますよ。

華国鋒　何か、ちょっと（幸福実現党が）〝跳《は》ね上がっている〟と見ていると思う。

大川紫央　そうですね。ただ、確かに、〝跳ね上がり〟すぎないように、少し気をつけないといけないですね。本当に言いたいことと違《ちが》うところが攻撃されて、元《もと》も子もなくなったりすることもありますし、もう少しミクロ的にも日本国民の幸せも考える政党にならないといけないでしょうね。

発信していることは、もう、いつも「ウイグル」か「香港《ホンコン》」か「中国」のことぐらいしか言っていないから、「日本の政治をやるつもりがあるのかな」と一般《いっぱん》の方々に思われるのも確かだと思います。

華国鋒　はあ（ため息）。トランプさんもね、もう珍《めずら》しい人ですけどね、功罪、両方を持ってますからね。全部を連帯しないほうがいいと思いますよ。

大川紫央　でも、総裁先生は、トランプさんの考えと違うときは「違う」と、明確におっしゃってはいますけどね。

華国鋒　政治もあってもいいけど、でも、宗教のほうを中心になされたほうが安全だと思う。

大川紫央　まあ、それはそうですね。

華国鋒　うーん。

大川紫央　それでは、やはり、中国の動きが当会に対してもけっこう出てきたから、今日はお出《い》でになったということですね。ここが動き始めているということですね。

華国鋒　だってねえ、明確に法輪功《ほうりんこう》みたいにされると嫌《いや》でしょう?

大川紫央　ええ。まあ、それはね。

華国鋒　でしょう?

大川紫央　はい。

華国鋒　ああいうふうに捕《つか》まったり、殺されたり。

大川紫央　ただ、今、何もしないことにより、自分たちの子や孫の世代には日本が中国に支配されるようになっていて、法輪功のような扱《あつか》いをされるのも困るから、やはり中道《ちゅうどう》として、やらなければいけないことはやるべきだとは思いますが、一方では、現代の護《まも》りも固めながらやらなければいけないというところはあるわけですね。

政治は難しいですね。

## 「中国との関係を深めた政治家たちも心配している」と伝えたかった

華国鋒　うーん。まあ、余計なことを言いました。

大川紫央　いえいえ！

華国鋒　中国の前任者ですから。

大川紫央　はい。でも、貴重なご意見として。

華国鋒　「中国との関係を深めた政治家たちも、少し心配はしていますよ」ということをお伝えしておきたかっただけですからね。

大川紫央　はい。勉強させていただきます。

華国鋒　「毛沢東筋《もうたくとうすじ》に悪いものも入っている」という考えについては、確かに、そういう面はあるかなと思ってはおります。

大川紫央　はい。

華国鋒　習近平氏もどこまで行けるか、どこで挫折《ざせつ》するか。これは〝世界史〟ですから、そのへんを見せていただかなきゃいけない。

大川紫央　うーん。

華国鋒　私たちではできなかったことを、彼はやろうとしているから。アメリカに敗れて敗戦する中国となるか、どうなのか。まあ、見物《みもの》ですね。

大川紫央　もう少し、毛沢東の念波《ねんぱ》を弱らせることはできないんですか。

華国鋒　もう、難しいでしょうね。共産主義を攻撃したら、結局、毛沢東のところに行きますので。

大川紫央　そうなんですよね。

華国鋒　ソ連のように崩壊《ほうかい》しなかったからね。

大川紫央　それにしても、本当に政治というのは難しいものですね。（戦前の）日本も、「反共」で同盟を結んだ相手がヒットラーとムッソリーニでした。どっちもどっちじゃないかというところはあります（笑）。

華国鋒　難しいですわね。だから、それは、ハンナ・アレントさんが言っているとおり、「共産主義者も、反共主義者も、共にファシズムだった」ということですから。

大川紫央　そうですね。分かりました。すみません、ありがとうございます。

華国鋒　余計な意見を言いました。申し訳ございません。

大川紫央　いえいえ、もう少し勉強はさせていただいたほうがいいと思います。ありがとうございました。

# あとがき

来年春には、習近平氏が国賓《こくひん》として来日する予定になっている。政府は娘の習《しゅう》明沢《めいたく》氏も是非《ぜひ》お招きし、雅子皇后とでもハーバード対話して頂いたほうがよかろう。日本という国をよく知ってもらうと同時に、相手がどういう方か、少しでも情報分析しておいたほうがよかろう。

習明沢氏の頭脳に勝てる人が日本の政界にいなければ、香港、台湾に続く危機が、この国にも訪れる。毎年の銭勘定《ぜにかんじょう》ばかりしていてもダメなのだ。

本書では、習明沢氏の守護霊霊言を収録した日の夜中に、華国鋒《かこくほう》・元・党主席の霊も訪ねて来たので同時収録した。温厚な方であるが、習親子のバック・アップに来たのは間違いなかろう。香港をつかれて、大中華帝国の夢がつぶれるのを怖《おそ》れているらしい。やはり『幸福実現党』を封印したいのだ。過分な評価に恐《きょう》縮《しゅく》している。

二〇一九年　九月十九日

幸福《こうふく》の科学《かがく》グループ創始者兼総裁《そうししゃけんそうさい》　大川隆法《おおかわりゅうほう》

## 『習近平の娘・習明沢の守護霊霊言』関連書籍

『愛は憎しみを超えて』（大川隆法 著　幸福の科学出版刊）

『日本の使命』（同右）

『リーダー国家 日本の針路』（同右）

『Love for the Future』（同右）

『自由のために、戦うべきは今
　　――習近平 vs. アグネス・チョウ 守護霊霊言――』（同右）

『緊急・守護霊インタビュー　台湾新総統　蔡英文の未来戦略』（同右）

『中国 虚像の大国――商鞅・韓非・毛沢東・林彪の霊言――』（同右）

『毛沢東の霊言』（同右）

『釈量子の守護霊霊言』（大川隆法 著　幸福実現党刊）

# 習近平《しゅうきんぺい》の娘《むすめ》・習明沢《しゅうめいたく》の守護《しゅご》霊霊言《れいれいげん》

――「14億人監視社会」陰のリーダーの"本心"を探る――

2019年9月20日　初版第1刷
2019年10月17日　第2刷

著　者　大《おお》川《かわ》隆《りゅう》法《ほう》

発行所　幸福の科学出版株式会社
〒107-0052 東京都港区赤坂2丁目10番14号
TEL(03)5573-7700
https://www.irhpress.co.jp/

印刷・製本　株式会社 研文社

落丁・乱丁本はおとりかえいたします

ISBN978-4-8233-0117-9 C0030
カバー tsyklon / Shutterstock.com
帯 ronstik / Shutterstock.com, ザ・リバティ, THE FACT
p.171 時事
装丁・イラスト・写真（上記・パブリックドメインを除く）© 幸福の科学

## 大川隆法 霊言シリーズ・中国の闇の根底にあるものとは

# 習近平守護霊 ウイグル弾圧を語る

ウイグル"強制収容所"の実態、チャイナ・マネーによる世界支配戦略、宇宙進出の野望──。暴走する独裁国家の狙いを読み、人権と信仰を護るための道を示す。

1,400円

---

# 守護霊インタビュー 習近平 世界支配へのシナリオ

### 米朝会談に隠された中国の狙い

米朝首脳会談に隠された中国の狙いとは？ 米中貿易戦争のゆくえとは？ 覇権主義を加速する中国国家主席・習近平氏の驚くべき本心に迫る。

1,400円

---

# 毛沢東の霊言

### 中国覇権主義、暗黒の原点を探る

言論統制、覇権拡大、人民虐殺──、中国共産主義の根幹に隠された恐るべき真実とは。中国建国の父・毛沢東の虚像がついに打ち砕かれる。

1,400円

---

# 中国 虚像の大国

### 商鞅・韓非・毛沢東・林彪の霊言

世界支配を目論む習近平氏が利用する「法家思想」と「毛沢東の権威」。その功罪と正体を明らかにし、闇に覆われた中国共産主義の悪を打ち破る一書。

1,400円

※表示価格は本体価格（税別）です。

## 大川隆法 霊言シリーズ・香港・台湾・朝鮮半島の未来

### 自由のために、戦うべきは今

**習近平 vs. アグネス・チョウ**
**守護霊霊言**

今、民主化デモを超えた「香港革命」が起きている。アグネス・チョウ氏と習近平氏の守護霊霊言から、「神の正義」を読む。天草四郎の霊言等も同時収録。

1,400円

---

### 断末魔の文在寅
### 韓国大統領守護霊の霊言

徴用工の賠償金請求、GSOMIAの破棄など、アジア情勢を混乱させる文在寅大統領の思考回路を読む。南北統一による核保有、そして、日本侵略の"夢"を語る。

1,400円

---

### 文在寅守護霊 vs. 金正恩守護霊

**南北対話の本心を読む**

南北首脳会談で北朝鮮は非核化されるのか? 南北統一、対日米戦略など、宥和《ゆうわ》路線で世界を欺く両首脳の本心とは。外交戦略を見直すための警鐘の一冊。

1,400円

---

### 緊急・守護霊インタビュー
### 台湾新総統
### 蔡英文の未来戦略

台湾総統・蔡英文氏の守護霊が、アジアの平和と安定のために必要な「未来構想」を語る。アメリカが取るべき進路、日本が打つべき一手とは?

1,400円

幸福の科学出版

## 大川隆法ベストセラーズ・国際政治の指針

# 日本の使命

### 「正義」を世界に発信できる国家へ

哲学なき安倍外交の限界と、東洋の盟主・日本の使命を語る。香港民主活動家アグネス・チョウ、イランのハメネイ師＆ロウハニ大統領 守護霊霊言を同時収録。

1,500円

---

# リーダー国家 日本の針路

緊迫する中東情勢をどう見るか。世界教師が示す、日本の針路と世界正義。イランのハメネイ師とイスラエルのネタニヤフ首相の守護霊霊言を同時収録。

1,500円

---

# 自由・民主・信仰の世界

### 日本と世界の未来ビジョン

国民が幸福であり続けるために──。未来を拓くための視点から、日米台の関係強化や北朝鮮問題、日露平和条約などについて、日本の指針を示す。

1,500円

---

# 愛は憎しみを超えて

### 中国を民主化させる日本と台湾の使命

中国に台湾の民主主義を広げよ──。この「中台問題」の正論が、第三次世界大戦の勃発をくい止める。台湾と名古屋での講演を収録した著者渾身の一冊。

1,500円

---

※表示価格は本体価格(税別)です。

## 大川隆法 霊言シリーズ・世界情勢を読む

### 「日露平和条約」を決断せよ
**メドベージェフ首相 & プーチン大統領 守護霊メッセージ**

「北朝鮮・中国の核兵器を無力化できる」。ロシアの2トップが、失敗続きの安倍外交に最終提案。終結していない戦後の日露、今がラストチャンス！

1,400円

---

### 守護霊インタビュー トランプ大統領の決意
**英語霊言 日本語訳付き**

**北朝鮮問題の結末とその先のシナリオ**

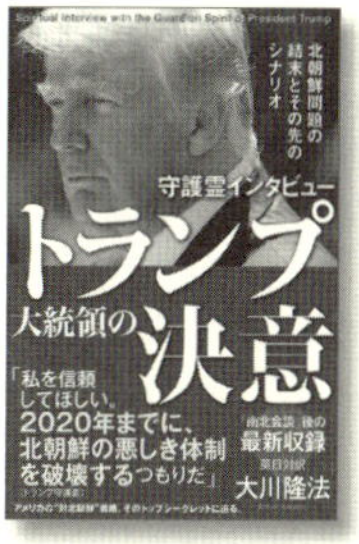


“宥《ゆう》和《わ》ムード”で終わった南北会談。トランプ大統領は米朝会談を控え、いかなるビジョンを描くのか。今後の対北朝鮮戦略のトップシークレットに迫る。

1,400円

---

### スピリチュアル・インタビュー メルケル首相の理想と課題
**英語霊言 日本語訳付き**

移民政策や緊縮財政など、EUの難局に直面するドイツ首相の本心に迫る。トランプや習近平、プーチンに対する本音、そして、衝撃の過去世が明らかに。

1,400円

---

### 米朝会談後に世界はどう動くか キッシンジャー博士 守護霊インタビュー
**英語霊言 日本語訳付き**

大統領選でのトランプ氏の勝利を予言したキッシンジャー博士の守護霊は、米朝会談をどう評価するのか。元米国務長官の視点から対北外交にアドバイス。

1,400円

---

## 大川隆法シリーズ・最新刊

### The Age of Mercy 慈悲の時代

英語説法 英日対訳

**宗教対立を乗り越える「究極の答え」**

慈悲の神が明かす「真実」が、世界の紛争や、宗教と唯物論の対立に幕を下ろし、人類を一つにする。イスラム教国・マレーシアでの英語講演も収録。

1,500円

### ジョシュア・ウォン守護霊の英語霊言

英語霊言 日本語訳付き

**自由を守りぬく覚悟**

勇気、自己犠牲の精神、そして、自由への願い――。22歳の香港デモリーダー、ジョシュア・ウォン氏の守護霊が語る、香港民主化の願いと日本への期待。

1,400円

### オスカー・ワイルドの霊言

**ほんとうの愛と LGBT 問題**

英語霊言 日本語訳付き

世界で広がるLGBTの新しい波。同性愛はどこまで許されるのか。真の愛、真の美とは何であるのか。イギリス世紀末文学の代表的作家が、死後119年目の本心を語る。

1,400円

### 映画監督サム・ライミが描く光と闇

英語霊言 日本語訳付き

**Deep Into "Sam Raimi"**

闇を知ることは、光を知ることになる。映画界の巨匠が語る「悪霊」「憑依」「エクソシスト」、そして「神」。「スパイダーマン」シリーズからホラーまで、その創作の秘密に迫る！

1,400円

※表示価格は本体価格（税別）です。

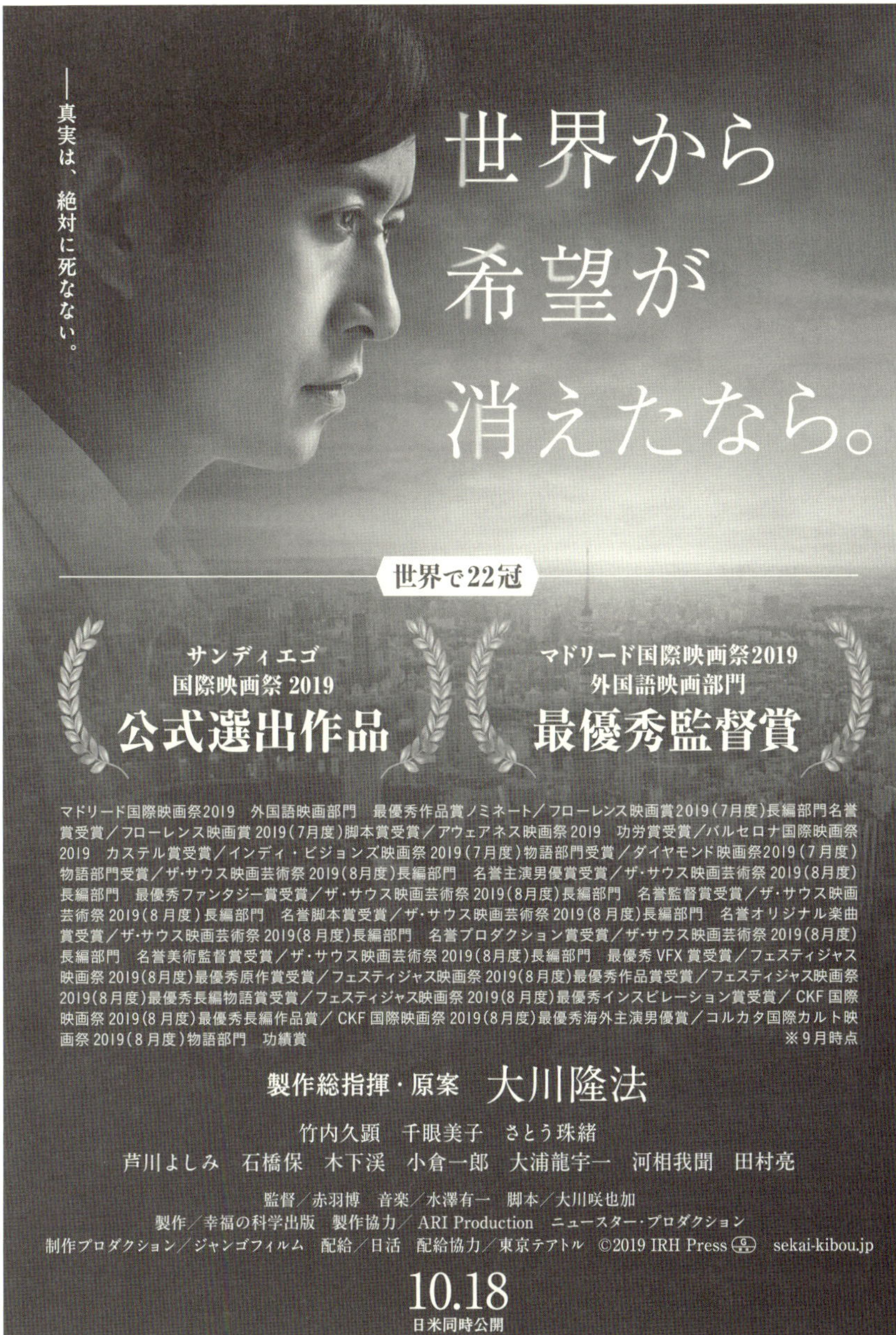
――真実は、絶対に死なない。
世界から希望が消えたなら。
世界で22冠
サンディエゴ国際映画祭 2019 公式選出作品
マドリード国際映画祭2019 外国語映画部門 最優秀監督賞
マドリード国際映画祭2019　外国語映画部門　最優秀作品賞ノミネート／フローレンス映画賞2019（7月度）長編部門名誉賞受賞／フローレンス映画賞 2019（7月度）脚本賞受賞／アウェアネス映画祭 2019　功労賞受賞／バルセロナ国際映画祭2019　カステル賞受賞／インディ・ビジョンズ映画祭 2019（7月度）物語部門受賞／ダイヤモンド映画祭2019（7月度）物語部門受賞／ザ・サウス映画芸術祭 2019（8月度）長編部門　名誉主演男優賞受賞／ザ・サウス映画芸術祭 2019（8月度）長編部門　最優秀ファンタジー賞受賞／ザ・サウス映画芸術祭 2019（8月度）長編部門　名誉監督賞受賞／ザ・サウス映画芸術祭 2019（8月度）長編部門　名誉脚本賞受賞／ザ・サウス映画芸術祭 2019（8月度）長編部門　名誉オリジナル楽曲賞受賞／ザ・サウス映画芸術祭 2019(8月度)長編部門　名誉プロダクション賞受賞／ザ・サウス映画芸術祭 2019(8月度)長編部門　名誉美術監督賞受賞／ザ・サウス映画芸術祭 2019（8月度）長編部門　最優秀 VFX 賞受賞／フェスティジャス映画祭 2019(8月度)最優秀原作賞受賞／フェスティジャス映画祭 2019(8月度)最優秀作品賞受賞／フェスティジャス映画祭2019(8月度)最優秀長編物語賞受賞／フェスティジャス映画祭 2019(8月度)最優秀インスピレーション賞受賞／ CKF 国際映画祭 2019(8月度)最優秀長編作品賞／ CKF 国際映画祭 2019(8月度)最優秀海外主演男優賞／コルカタ国際カルト映画祭 2019（8月度）物語部門　功績賞
※9月時点
製作総指揮・原案　大川隆法
竹内久顕　千眼美子　さとう珠緒
芦川よしみ　石橋保　木下渓　小倉一郎　大浦龍宇一　河相我聞　田村亮
監督／赤羽博　音楽／水澤有一　脚本／大川咲也加
製作／幸福の科学出版　製作協力／ARI Production　ニュースター・プロダクション
制作プロダクション／ジャンゴフィルム　配給／日活　配給協力／東京テアトル　©2019 IRH Press　sekai-kibou.jp
10.18
日米同時公開

# 幸福の科学グループのご案内

**宗教、教育、政治、出版などの活動を通じて、地球的ユートピアの実現を目指しています。**

## 幸福の科学

一九八六年に立宗。信仰の対象は、地球系霊団の最高大霊、主エル・カンターレ。世界百カ国以上の国々に信者を持ち、全人類救済という尊い使命のもと、信者は、「愛」と「悟り」と「ユートピア建設」の教えの実践、伝道に励んでいます。

（二〇一九年十月現在）

### 愛

幸福の科学の「愛」とは、与える愛です。これは、仏教の慈悲《じひ》や布施《ふせ》の精神と同じことです。信者は、仏法真理をお伝えすることを通して、多くの方に幸福な人生を送っていただくための活動に励んでいます。

### 悟り

「悟り」とは、自らが仏の子であることを知るということです。教学《きょうがく》や精神統一によって心を磨き、智慧《ちえ》を得て悩みを解決すると共に、天使・菩薩《ぼさつ》の境地を目指し、より多くの人を救える力を身につけていきます。

### ユートピア建設

私たち人間は、地上に理想世界を建設するという尊い使命を持って生まれてきています。社会の悪を押しとどめ、善を推し進めるために、信者はさまざまな活動に積極的に参加しています。

国内外の世界で貧困や災害、心の病で苦しんでいる人々に対しては、現地メンバーや支援団体と連携して、物心両面にわたり、あらゆる手段で手を差し伸べています。

年間約２万人の自殺者を減らすため、全国各地で街頭キャンペーンを展開しています。

公式サイト **www.withyou-hs.net**

ヘレン・ケラーを理想として活動する、ハンディキャップを持つ方とボランティアの会です。視聴覚障害者、肢体不自由な方々に仏法真理を学んでいただくための、さまざまなサポートをしています。

公式サイト **www.helen-hs.net**

## 入会のご案内

幸福の科学では、大川隆法総裁が説く仏法真理《ぶっぽうしんり》をもとに、「どうすれば幸福になれるのか、また、他の人を幸福にできるのか」を学び、実践しています。

入会

### 仏法真理を学んでみたい方へ

大川隆法総裁の教えを信じ、学ぼうとする方なら、どなたでも入会できます。入会された方には、『入会版「正心法語《しょうしんほうご》」』が授与されます。

ネット入会 入会ご希望の方はネットからも入会できます。

**happy-science.jp/joinus**

三帰《さんき》誓願《せいがん》

### 信仰をさらに深めたい方へ

仏弟子としてさらに信仰を深めたい方は、仏《ぶっ》・法《ぽう》・僧《そう》の三宝《さんぽう》への帰依を誓う「三帰誓願式」を受けることができます。三帰誓願者には、『仏説・正心法語』『祈願文《きがんもん》①』『祈願文②』『エル・カンターレへの祈り』が授与されます。

幸福の科学 サービスセンター
TEL 03-5793-1727
受付時間／
火～金：10～20時
土・日祝：10～18時
（月曜を除く）

幸福の科学 公式サイト
happy-science.jp

# ハッピー・サイエンス・ユニバーシティ

Happy Science University

**ハッピー・サイエンス・ユニバーシティとは**

ハッピー・サイエンス・ユニバーシティ（HSU）は、大川隆法総裁が設立された「現代の松下村塾」であり、「日本発の本格私学」です。
建学の精神として「幸福の探究と新文明の創造」を掲げ、チャレンジ精神にあふれ、新時代を切り拓く人材の輩出を目指します。

人間幸福学部　経営成功学部　未来産業学部

**HSU長生キャンパス** TEL **0475-32-7770**
〒299-4325　千葉県長生郡長生村一松丙 4427-1

未来創造学部

**HSU未来創造・東京キャンパス**
TEL **03-3699-7707**
〒136-0076　東京都江東区南砂2-6-5

公式サイト **happy-science.university**

# 学校法人 幸福の科学学園

**学校法人　幸福の科学学園は、幸福の科学の教育理念のもとにつくられた教育機関です。人間にとって最も大切な宗教教育の導入を通じて精神性を高めながら、ユートピア建設に貢献する人材輩出を目指しています。**

**幸福の科学学園**

**中学校・高等学校（那須本校）**
2010年4月開校・栃木県那須郡（男女共学・全寮制）
TEL **0287-75-7777** 公式サイト **happy-science.ac.jp**

**関西中学校・高等学校（関西校）**
2013年4月開校・滋賀県大津市（男女共学・寮及び通学）
TEL **077-573-7774** 公式サイト **kansai.happy-science.ac.jp**

## 仏法真理塾「サクセスNo.1」

全国に本校・拠点・支部校を展開する、幸福の科学による信仰教育の機関です。小学生・中学生・高校生を対象に、信仰教育・徳育にウエイトを置きつつ、将来、社会人として活躍するための学力養成にも力を注いでいます。

TEL 03-5750-0747（東京本校）

**エンゼルプランV**　TEL 03-5750-0757

幼少時からの心の教育を大切にして、信仰をベースにした幼児教育を行っています。

**不登校児支援スクール「ネバー・マインド」**　TEL 03-5750-1741

心の面からのアプローチを重視して、不登校の子供たちを支援しています。

**ユー・アー・エンゼル！（あなたは天使！）運動**

一般社団法人 ユー・アー・エンゼル　TEL 03-6426-7797

障害児の不安や悩みに取り組み、ご両親を励まし、勇気づける、障害児支援のボランティア運動を展開しています。

**NPO活動支援**

いじめから子供を守ろうネットワーク

学校からのいじめ追放を目指し、さまざまな社会提言をしています。また、各地でのシンポジウムや学校への啓発ポスター掲示等に取り組む一般財団法人「いじめから子供を守ろうネットワーク」を支援しています。

公式サイト mamoro.org　ブログ blog.mamoro.org

相談窓口 TEL.03-5544-8989

## 百歳まで生きる会

「百歳まで生きる会」は、生涯現役人生を掲げ、友達づくり、生きがいづくりをめざしている幸福の科学のシニア信者の集まりです。

## シニア・プラン21

生涯反省で人生を再生・新生し、希望に満ちた生涯現役人生を生きる仏法真理道場です。定期的に開催される研修には、年齢を問わず、多くの方が参加しています。

全世界211カ所（国内196カ所、海外15カ所）で開校中。

【東京校】TEL 03-6384-0778　FAX 03-6384-0779

メール senior-plan@kofuku-no-kagaku.or.jp

# 幸福実現党

内憂外患《ないゆうがいかん》の国難に立ち向かうべく、2009年5月に幸福実現党を立党しました。創立者である大川隆法党総裁の精神的指導のもと、宗教だけでは解決できない問題に取り組み、幸福を具体化するための力になっています。

幸福実現党 釈量子サイト shaku-ryoko.net
Twitter 釈量子@shakuryokoで検索

党の機関紙
「幸福実現NEWS」

## 幸福実現党 党員募集中

### あなたも幸福を実現する政治に参画しませんか。

○幸福実現党の理念と綱領、政策に賛同する18歳以上の方なら、どなたでも参加いただけます。

○党費：正党員（年額5千円［学生 年額2千円］）、特別党員（年額10万円以上）、家族党員（年額2千円）

○党員資格は党費を入金された日から1年間です。

○正党員、特別党員の皆様には機関紙「幸福実現NEWS（党員版）」（不定期発行）が送付されます。

＊申込書は、下記、幸福実現党公式サイトでダウンロードできます。
住所：〒107-0052 東京都港区赤坂2-10-8 6階 幸福実現党本部
TEL 03-6441-0754 FAX 03-6441-0764
公式サイト hr-party.jp

# 幸福の科学出版

**大川隆法総裁の仏法真理の書を中心に、ビジネス、自己啓発、小説など、さまざまなジャンルの書籍・雑誌を出版しています。他にも、映画事業、文学・学術発展のための振興事業、テレビ・ラジオ番組の提供など、幸福の科学文化を広げる事業を行っています。**

アー・ユー・ハッピー？
**are-you-happy.com**

ザ・リバティ
**the-liberty.com**

幸福の科学出版
TEL **03-5573-7700**
公式サイト **irhpress.co.jp**

THE FACT

**ザ・ファクト**
マスコミが報道しない
「事実」を世界に伝える
ネット・オピニオン番組

YouTubeにて
随時好評
配信中！

ザ・ファクト　検索

NEW STAR PRODUCTION

# ニュースター・プロダクション

「新時代の美」を創造する芸能プロダクションです。多くの方々に良き感化を与えられるような魅力あふれるタレントを世に送り出すべく、日々、活動しています。 公式サイト **newstarpro.co.jp**

ARI Production

# ARI《アリ》 Production《プロダクション》

タレント一人ひとりの個性や魅力を引き出し、「新時代を創造するエンターテインメント」をコンセプトに、世の中に精神的価値のある作品を提供していく芸能プロダクションです。 公式サイト **aripro.co.jp**

# 大川隆法　講演会のご案内

大川隆法総裁の講演会が全国各地で開催されています。講演のなかでは、毎回、「世界教師」としての立場から、幸福な人生を生きるための心の教えをはじめ、世界各地で起きている宗教対立、紛争、国際政治や経済といった時事問題に対する指針など、日本と世界がさらなる繁栄の未来を実現するための道筋が示されています。

2019年5月14日 幕張メッセ「自由・民主・信仰の世界」

2019年3月3日 グランド ハイアット 台北（台湾）「愛は憎しみを超えて」

2019年7月5日 福岡国際センター「人生に自信を持て」

2018年10月7日 ザ・リッツカールトン ベルリン（ドイツ）「Love for the Future」

2019年7月13日 ホテル イースト21 東京「幸福への論点」

講演会には、どなたでもご参加いただけます。
最新の講演会の開催情報はこちらへ。⟹

大川隆法総裁公式サイト
https://ryuho-okawa.org